LA COMÉDIENNE,

COMÉDIE

EN TROIS ACTES, EN VERS.

LA COMÉDIENNE,

COMÉDIE

EN TROIS ACTES, EN VERS,

REPRÉSENTÉE
PAR LES COMÉDIENS FRANÇAIS ORDINAIRES DU ROI,
POUR LA PREMIÈRE FOIS,
LE 6 MARS 1816.

PRIX, 2 francs.

A PARIS,
CHEZ A. NEPVEU, LIBRAIRE,
PASSAGE DES PANORAMAS, N° 26.
DE L'IMPRIMERIE DE P. DIDOT, L'AINÉ.
1816.

PERSONNAGES.	ACTEURS.
MADAME BELVAL, première Actrice du Théâtre de Bordeaux.	Mlle Mars.
M. DE GOUVIGNAC, ancien Major d'Infanterie.	M. Baptiste aîné.
SAINVILLE, son Neveu, jeune Officier.	M. Armand.
DARICOUR, Directeur du Théâtre de Bordeaux, et jouant les financiers.	M. de Vigny.
HENRIETTE, Pupille de Daricour, aimée de Sainville.	Mlle Bourgoin.
CLÉOFILE, jeune Actrice du Théâtre de Bordeaux.	Mlle Dupuis.
AGATHE, Femme de chambre de madame Belval.	Mlle de Merson.

La Scène est à Bordeaux, chez Madame Belval.

LA COMÉDIENNE,

COMÉDIE

EN TROIS ACTES, EN VERS.

(*Le théâtre représente un salon.*)

ACTE PREMIER.

SCENE PREMIERE.

HENRIETTE, AGATHE.

HENRIETTE.

Elle m'a fait prier de venir ce matin.

AGATHE, *avec l'accent gascon.*

Jé lé sais. Sûrément c'est dans un bon dessein.
Car madamé vous aime, on né peut davantage.
Hé donc, madémoiselle, à quand lé mariage?

HENRIETTE.

Lequel?

AGATHE.

Lé vôtre. On peut à moi sé confier.

Jé suis dans la maison dépuis un mois entier;
Madamé, en voyageant, mé prit à Carcassonne;
Jé m'intéresse à vous.

HENRIETTE.

Ah! vous êtes trop bonne.

AGATHE.

Et curieuse un peu; c'est un bonheur pour moi
Dé savoir cé qué fait lé monde qué jé voi!
Dé Bordeaux ma maîtresse est la première actrice,
Et pour mé contenter ma place m'est propice!
Au théâtre, au logis, j'écoute les discours,
Et j'entends raconter cent choses tous les jours,
Amours, rivalités, inconstances, ruptures;
Céla fait bien souvent dé drôles d'aventures!
Et cé qu'on dit tout haut, et cé qu'on dit tout bas!
Jé sais tout, en un mot; jé n'en abusé pas.
Ainsi né craignez rien. Jé connais votre affaire.

HENRIETTE.

Qui vous a dit?...

AGATHE.

Jé sais cé qui vous est contraire.
Un aimable officier veut être votre époux;
Mais son oncle y répugne, et s'en met en courroux;
Monsur dé Gouvignac (c'est ainsi qu'il sé nomme),
À cause qu'il est riche, et sé croit gentilhomme,
Vous réproché, dit-on, qué vous manquez dé bien,
Et qué feu votre père était comédien.

HENRIETTE.

Mais comment savez-vous tout cela, je vous prie?

AGATHE.

Céla peut s'appéler sécret dé comédie
Qué tout lé mondé sait; mais chacun, dieu merci,
Sé moqué bien dé l'oncle, et prend votré parti;
On né dit qué du bien dé vous, dé votré mère;
C'était un grand acteur qué défunt votre père!
Et qué lé Gouvignac disé cé qu'il voudra;
D'état, jé n'en vois point plus beau qué celui-là!
Régardez ma maîtresse, et l'éclat qu'ellé jette
Au double emploi dé reine et dé grandé coquette!
On né voit qué son nom remplir tous les journaux;
Fait-on pour elle assez dé vers, dé madrigaux,
Dé couplets? en tous lieux on chanté ses éloges;
Son aspect met en feu lé parterre et les loges;
Bientôt, dé nos talents comme on connaît lé prix,
Nous quitterons Bordeaux pour aller à Paris;
Nous attendons un ordre; il né faut en rien dire.

HENRIETTE.

Oh! non. N'ayez pas peur.

AGATHE.

Tant dé gloiré m'inspire
Un désir dont il faut qué jé vous fasse part.
Vous pouvez m'y servir.

HENRIETTE.

Qui? moi! par quel hasard?

AGATHE.

Monsur votré tuteur...

HENRIETTE.

Daricour?

AGATHE.

Oui, lui-même
Est ici directeur du théâtre; il vous aime...

HENRIETTE.

Eh bien?

AGATHE.

Sans voir madame, il vient dé s'en aller;
Et moi, jé n'ai pas eu lé temps dé lui parler;
Il vénait nous presser, mais il perdait sa peine:
Car nous né jouerons pas cé soir, j'en suis certaine.

HENRIETTE.

J'aurais voulu le voir.

AGATHE.

Il réviendra bientôt.
Vous lui dévriez bien glisser un pétit mot
En ma faveur...

HENRIETE.

Pourquoi?

AGATHE.

J'ai bésoin qu'on m'appuie.

HENRIETTE.

Que voulez-vous?

AGATHE.

Jé veux jouer la comédie.

HENRIETTE, *souriant.*

Ah! ah! jouer!...

AGATHE.

J'aurais dessein dé débuter.
Quand ma maîtresse apprend, jé la fais répéter;
Et jé jouerais fort bien, sur-tout dans lé tragique.

HENRIETTE.

Oh! oui.

AGATHE.

J'ai des moyens; d'abord, quant au physique,
Il ne déplaira pas, jé crois.

HENRIETTE.

Non. Mais l'accent?
Hein?

AGATHE.

L'açent?.. j'en ai peu; quelqués mots, en passant,
Croyez-vous?... Cé n'est rien; et quand on a dé l'ame,
C'est là l'essentiel, à cé qué dit madame;
Et dé l'amé! j'en ai! Jé mé sens enflammer,
Quand j'écoute au logis madame déclamer.
Tous les soirs, sans manquer, jé vais dans les coulisses.
Jé l'entends applaudir. Cé sont là mes délices.
Jugez commé mon cœur dé plaisir bondira,
Lorsqué cé séra moi qué l'on applaudira.
(*On entend sonner.*)

HENRIETTE.

Oui; mais, en attendant, on vous sonne, ma chère.

AGATHE.

J'y vais. Jé récommande à vos soins mon affaire.
Faites-moi jouer Phèdre, Hermione; et comptez
Qué ces rôlés pour vous séront des nouveautés.

SCENE II.

HENRIETTE, *seule.*

Elle est folle, je pense!... Où va-t-elle prétendre?
Il faut que j'aie, un jour, le plaisir de l'entendre!
Ce serait une scène amusante, je croi!
Mais madame Belval, que veut-elle de moi?
Elle va me parler peut-être de Sainville,
Et me causer encore un chagrin inutile!
Je ne dois plus le voir... Ah! grand Dieu! le voici.

SCENE III.

HENRIETTE, SAINVILLE.

SAINVILLE.

Henriette!

HENRIETTE.

C'est vous? Vous me saviez ici?
Vous m'y cherchiez?

SAINVILLE.

Moi? non. Soyez-en bien certaine.
Je sais que ce serait vous causer trop de peine.

HENRIETTE.

À moi, monsieur?

SAINVILLE.

Chez vous, du moins, je n'irai plus;
Depuis dix jours entiers n'en suis-je pas exclus?

HENRIETTE.

J'ai suivi les conseils et l'ordre de ma mère.

SAINVILLE.

Vous souscrivez sans peine à cet ordre sévère.

HENRIETTE.

Ne pouvant être à vous, j'ai fait ce que j'ai dû.

SAINVILLE.

Ah! vous seriez à moi, si vous l'aviez voulu.
Afin de m'engager d'une manière expresse,
Ne vous avais-je pas offert une promesse?
Ainsi, par l'honneur même à vos lois enchaîné...

HENRIETTE.

Et votre oncle jamais ne vous l'eût pardonné.
Vous m'avez dit souvent qu'il vous servit de père;
Pouviez-vous avec lui ne pas être sincère?
Non; ma mère eut raison d'exiger franchement
Que vous eussiez d'abord son plein consentement.
Il vous l'a refusé; ce refus nous sépare.

SAINVILLE.

J'ai déja trop souffert de son refus barbare.

HENRIETTE.

Votre oncle, riche, et fier d'un nom qu'il croit très beau,
Ancien militaire, et seigneur de château...

SAINVILLE.

De s'allier à vous qui ne se ferait gloire?

HENRIETTE.

Non, non, je ne sais point ainsi m'en faire accroire.
Soumettons-nous, Sainville, à la nécessité.

SAINVILLE.

Vous tenez ce langage avec tranquillité.

Non, je n'ai jamais eu le bonheur de vous plaire;
Plus que mon oncle encor votre cœur m'est contraire;
Non, vous ne m'aimez point, et votre ame en secret
N'éprouve, en me quittant, ni chagrin ni regret;
Et que sais-je?... Elle en est satisfaite peut-être?...

HENRIETTE.

Croyez-le, j'y consens; c'est fort bien me connaître.

SCENE IV.

HENRIETTE, MADAME BELVAL, *en déshabillé du matin, très-élégant;* AGATHE, SAINVILLE.

MADAME BELVAL, *parlant à sa femme de chambre.*

Mademoiselle Agathe, allez; de point en point
Faites suivre cet ordre; et qu'on n'y manque point.
(*Agathe sort.*)
Eh bien! je trouve ici fort bonne compagnie;
Où donc est Daricour?
(*à Henriette.*)
Bonjour, ma chère amie.
Comment va votre mère?... Embrassez-moi, mon cœur.

HENRIETTE.

Ma mère est assez bien; vous lui faites honneur.

MADAME BELVAL.

Eh! mais, qu'avez-vous donc? Je lis sur vos visages
Certain air de chagrin... D'où viennent ces nuages?

HENRIETTE.

Monsieur dans ses discours sait peu me ménager.

SAINVILLE.

Mademoiselle aussi se plaît à m'affliger.

MADAME BELVAL.

Ah! vous êtes brouillés!... La moindre bagatelle
Souvent chez les amants fait naître une querelle;
Ce n'est pas cet instant que vous deviez choisir;
Quand l'ennemi s'avance, il faut se réunir.

SAINVILLE.

Quel ennemi?... Comment?

MADAME BELVAL.

Redoutez sa colère.
C'est votre oncle, en un mot, que vous n'attendiez guère.

HENRIETTE.

Monsieur de Gouvignac?

SAINVILLE.

Quoi! mon oncle est ici?

MADAME BELVAL.

Depuis hier matin.

SAINVILLE.

Sans m'avoir averti?

MADAME BELVAL.

Figurez-vous qu'hier, en traversant la rue,
J'en ai fait tout-à-coup la rencontre imprévue;
Nous nous sommes tous deux à l'instant reconnus,
Quoique depuis quinze ans nous ne nous fussions vus;
Oui, de notre amitié la date est ancienne,
Et me vieillit un peu; mais qu'à cela ne tienne.
Je restai veuve alors; dans mon affliction
Le major entreprit ma consolation (1);
Il y mettait du zèle!...

SAINVILLE.

Il a l'humeur galante!

MADAME BELVAL.

Si je l'avais voulu, je serais votre tante.

SAINVILLE.

Oh! que je le voudrais!

MADAME BELVAL.

L'oncle n'est point changé;
Toujours l'air jeune et vif, le maintien dégagé,
Toujours un ton aimable, un obligeant langage...

SAINVILLE.

Qui donc l'a décidé soudain à ce voyage?

MADAME BELVAL.

Eh! manque-t-on de gens empressés, indiscrets,
Recueillant, répandant tous les bruits faux ou vrais?
Il a reçu l'avis que, bravant sa défense,
Vous alliez contracter l'hymen dont il s'offense;
Et d'un si grand malheur voulant vous préserver,
Le cher oncle à Bordeaux s'est hâté d'arriver;
Sans vous en prévenir, et pour mieux vous surprendre,
C'est en hôtel garni qu'il est allé descendre.

SAINVILLE.

Il vous a donc conté...?

MADAME BELVAL.

Ce que je savais bien.
Vous avez fait long-temps les frais de l'entretien.

SAINVILLE.

À ses vieux préjugés vous avez fait la guerre?

MADAME BELVAL.

Non; j'ai pris le parti d'écouter, de me taire (2);

Il ne se gênait pas ; moi, je trouvais plaisant
Que, ne se doutant pas de mon état présent,
De tant de confiance il me donnât la preuve ;
De son ami Courmon il me croit encor veuve ;
À Grenoble autrefois je le voyais souvent ;
Il s'y trouvait alors avec son régiment...

SAINVILLE.

Et viendra-t-il vous voir?

MADAME BELVAL.

Dès ce matin peut-être.

SAINVILLE.

Mais sa visite ici va lui faire connaître
Ce que vous lui cachez, votre état, votre nom.

MADAME BELVAL.

Oh ! j'ai fait à mes gens avec soin leur leçon ;
Ils diront ce qu'il faut.

SAINVILLE.

Ce léger artifice
Pourrait, si vous vouliez, nous devenir propice.

MADAME BELVAL.

Oui ; j'avais eu dessein d'abord de vous servir ;
Aux peines des amants mon cœur doit compatir ;
Mais ce soin à présent vous est peu nécessaire.

HENRIETTE.

Et par quelle raison ?

MADAME BELVAL.

La raison est bien claire.
Je vous affligerais, si j'allais m'en mêler ;
Vous étiez tout-à-l'heure en train de quereller.

SAINVILLE.

J'avais tort ; Henriette a sujet de se plaindre.

HENRIETTE.

Non. Je vous ai fâché; j'aurais dû me contraindre.

MADAME BELVAL.

Allons; fort bien. Sur moi vous pouvez donc compter.

SCENE V.

LES MÊMES, AGATHE.

AGATHE.

Mousùr dé Gouvignac, Madamé, va monter.
Il est là bas.

MADAME BELVAL.

Déja? Tant mieux, vraiment. Qu'il vienne.
Est-ce bien lui?

AGATHE.

Lui-même. On l'a connu sans peine;
Comme il a démandé madamé dé Courmon...

HENRIETTE.

Je vais m'enfuir bien vite.

MADAME BELVAL.

Eh! non; ma belle; non.
Il ne vous connaît pas; demeurez, je vous prie.
Je vous ai fait venir tout exprès.

HENRIETTE.

De ma vie
Je n'eus autant de peur.

MADAME BELVAL, *à Sainville.*

Et vous, restez aussi.

SAINVILLE.

Que va dire mon oncle, en me trouvant ici?

Moi-même que dirai-je? et s'il veut que j'explique...

MADAME BELVAL.

L'occasion pourra vous fournir la réplique.
Un prétexte suffit. Je vous seconderai.
Du courage.

HENRIETTE.

Ah! bon Dieu! Pour moi, je me tairai.

MADAME BELVAL.

Faites-le donc venir, Agathe.

AGATHE.

Il vient lui-même.

(Agathe sort.)

SCENE VI.

HENRIETTE, Mme BELVAL, M. DE GOUVIGNAC.
SAINVILLE.

M. DE GOUVIGNAC.

Belle dame, pour moi c'est un bonheur extrême!...
J'étais bien empressé de vous faire ma cour;
Vous me l'avez permis, et dès le premier jour.
Dès le matin j'arrive...

MADAME BELVAL.

Et je suis enchantée
De vous voir, cher major; je m'étais bien flattée
Que vous n'oublieriez pas...

M. DE GOUVIGNAC, *se retournant.*

Que vois-je? mon neveu?

Ah! vous voilà, Monsieur!... Je m'attendais si peu!...

SAINVILLE.

Mon oncle, ma surprise est égale à la vôtre.
Nous n'avions pas compté nous voir ici l'un l'autre.

M. DE GOUVIGNAC.

Moi, je viens de chez vous.

SAINVILLE.

Mon Dieu! si j'avais su
Mon cher oncle à Bordeaux, vers lui j'aurais couru.
Mais pourquoi donc chez moi ne pas venir descendre?
N'y pas loger?

M. DE GOUVIGNAC.

Pourquoi? Vous devez le comprendre.
(à madame Belval.)
Mais mon neveu, comment est-il connu de vous?

MADAME BELVAL.

Comment?... La connaissance est nouvelle entre nous.
J'ai donné cet hiver quelques bals pour ma nièce,
Et j'y réunissais une aimable jeunesse;
Monsieur m'a fait l'honneur d'y venir, et depuis
Je l'ai vu quelquefois.

M. DE GOUVIGNAC.

Ah! je m'en réjouis.
Pour lui c'est un bonheur. Ce neveu peu docile
Dont je vous ai parlé, le voilà; c'est Sainville.

MADAME BELVAL.

Est-il vrai?... J'étais loin d'en avoir le soupçon;
Vous ne m'avez hier pas prononcé son nom.

M. DE GOUVIGNAC.

Cela se peut

(*à Sainville.*)

Tu veux faire un beau mariage!...

SAINVILLE.

Mon oncle!...

M. DE GOUVIGNAC.

Me voilà. L'objet de mon voyage
Est de t'en empêcher; prends-en bien ton parti;
Mon caractère s'est rarement démenti;
Et, quand j'ai dans ma tête arrêté quelque chose,
Je n'en démords jamais qu'à bonne et juste cause.

MADAME BELVAL.

Et vous faites fort bien.

M. DE GOUVIGNAC.

Pour rompre son dessein,
Je compte de Bordeaux l'emmener dès demain;
Car, si je l'y laissais!... Il ferait la folie!
De chimères d'amour sa cervelle est remplie.
Madame, combattez son caprice fatal,
Et des comédiens dites-lui bien du mal.

MADAME BELVAL.

Vraiment! sans chercher loin je saurais bien qu'en dire;
Tenez; tous les états prêtent à la satire (3);
Laissons donc ce sujet qui vous met en souci;
Je veux vous présenter ma nièce que voici.
(*à Henriette.*)
Approchez.

M. DE GOUVIGNAC.

Dans ses traits on voit l'air de famille.

MADAME BELVAL.

D'une sœur que j'aimais elle est la seule fille.

M. DE GOUVIGNAC.

On ne peut pas la voir sans y prendre intérêt.

MADAME BELVAL.

Répondez, Rosalie.

HENRIETTE, *en tremblant.*

Ah! si monsieur promet
De me vouloir du bien, je serai satisfaite.

M. DE GOUVIGNAC.

Un air plein de décence! une grace parfaite!

HENRIETTE.

Vous me flattez, monsieur, et vous êtes trop bon.

M. DE GOUVIGNAC.

Elle est charmante! Oh! çà, madame de Courmon,
Vous pouvez bien penser si mon ame est ravie,
Si je suis satisfait!... Retrouver une amie
Dont je gardai toujours un profond souvenir,
C'est un bonheur si grand!... c'est un si doux plaisir!...

MADAME BELVAL.

Je n'en ressens pas moins, major, je vous assure.

M. DE GOUVIGNAC.

Mes vœux seraient comblés dans cette conjoncture,
Si monsieur mon neveu, que j'aime comme un fils,
Se rendait sage un peu, grace à vos bons avis.
Oui, que de son erreur désormais il revienne,
Sans s'attacher au char d'une comédienne...

HENRIETTE, *vivement.*

Elle ne l'est pas.

M. DE GOUVIGNAC.

Non... Comment le savez-vous?

MADAME BELVAL.

C'est que... le bruit public... est venu jusqu'à nous...

On en parle... L'histoire est assez remarquable...

M. DE GOUVIGNAC.

Eh! oui. Tout cet éclat m'est fort désagréable.

MADAME BELVAL.

De la jeune personne on dit beaucoup de bien.

M. DE GOUVIGNAC.

Que vous importe, à vous?... Cela ne vous fait rien.
On a tort.

SAINVILLE.

Je suis loin de vouloir vous déplaire,
Mon oncle; mais souffrez du moins qu'on vous éclaire.
Vous êtes prévenu, vous êtes irrité;
Moi, je dois faire ici parler la vérité.
Loin de me tendre un piége, et la mère et la fille
Refusent l'alliance avec votre famille;
Leur cœur est noble et fier, et point intéressé;
Et par elles c'est moi qui me vois repoussé:
Depuis dix jours entiers leur porte m'est fermée...

M. DE GOUVIGNAC.

Eh bien! tant mieux; ma crainte est quelque peu calmée.
Tu pourras l'oublier, en ne la voyant plus.

SAINVILLE.

L'oublier! j'y ferais des efforts superflus.
Je ne trahirai point la foi que j'ai jurée,
Et ma chère Henriette en peut être assurée.

M. DE GOUVIGNAC.

Monsieur, promettez-moi très positivement
De ne la plus revoir.

MADAME BELVAL, *à Sainville.*

Pas plus qu'en ce moment?

SAINVILLE.

Pour cela, j'y consens.

M. DE GOUVIGNAC.

C'est fort bien. Chez madame
Venez assidument : là, sans craindre aucun blâme,
Sans danger, rencontrant les vertus, la candeur...

SAINVILLE.

Mon oncle, assurément, j'y viendrai de bon cœur (4).

MADAME BELVAL.

Vous nous ferez plaisir.

M. DE GOUVIGNAC.

C'est ma loi très expresse :
Songez bien à la suivre.

(*bas, à madame Belval.*)

À votre aimable nièce
Je voudrais qu'il pût plaire.

MADAME BELVAL, *bas, au major.*

Elle est à votre gré,
À ce qu'il me paraît?

M. DE GOUVIGNAC, *de même.*

Très fort.

SCENE VII.

LES MÊMES, DARICOUR, *se disputant au fond du théâtre avec Agathe, qui veut l'empêcher d'entrer.*

DARICOUR.

Eh! j'entrerai.

AGATHE.

Mais, monsur!...

DARICOUR.

Laissez donc; il faut que je la voie,
Et tout de suite encore : est-ce moi qu'on renvoie?

M. DE GOUVIGNAC.

D'où vient donc tout ce bruit?

MADAME BELVAL, *à part.*

O ciel! c'est Daricour!
C'est notre directeur! Comment faire?

DARICOUR, *à madame Belval.*

Bonjour.

MADAME BELVAL, *à part.*

Comment le prévenir?

(*Agathe sort.*)

SCENE VIII.

HENRIETTE, DARICOUR, MADAME BELVAL, M. DE GOUVIGNAC, SAINVILLE.

DARICOUR, *à madame Belval.*

Bonjour, ma chère amie.

M. DE GOUVIGNAC, *à part.*

Sa chère amie!

MADAME BELVAL.

Ici je suis en compagnie.

DARICOUR.

Je le vois bien.

MADAME BELVAL, *à Daricour.*

Voici monsieur de Gouvignac,
Dont le château n'est pas bien loin de Bergerac,
Et d'hier seulement venu dans notre ville...

DARICOUR.

J'en suis très enchanté.

MADAME BELVAL.

C'est l'oncle de Sainville.

DARICOUR.

Du capitaine?

MADAME BELVAL, *à Daricour.*

Eh! oui. Pour vous, mon cher Mircour...

DARICOUR.

Mircour? Eh! mais!... comment?

MADAME BELVAL.

Vous voilà de retour?

DARICOUR.

Je n'ai pas été loin.

MADAME BELVAL.

Major, je vous présente
Un de mes amis...

DARICOUR.

Ah! ce titre-là m'enchante,
Et m'honore.

(*en saluant Gouvignac.*)

Monsieur!...

M. DE GOUVIGNAC.

Monsieur est...?

MADAME BELVAL.

Financier.

DARICOUR.

Oui, c'est là mon emploi.

M. DE GOUVIGNAC.

C'est un très bon métier.
Je lui fais compliment; plus d'argent que de peines.

DARICOUR.

Je suis en même temps directeur...

MADAME BELVAL, *l'interrompant vivement.*

Des domaines.

DARICOUR.

Des domaines?... Ah! oui.

(*à part.*)

Je comprends à la fin;
On trompe ici quelqu'un.

(*haut.*)

Madame, il est certain...

(*bas à madame Belval.*)

J'y veux mettre du mien aussi; laissez-moi faire.

MADAME BELVAL, *à Daricour.*

Vous voyez dans monsieur un ancien militaire,
Monsieur de Gouvignac, qui servit bien l'état...

DARICOUR.

Ah! vraiment! je le crois; ce nom a de l'éclat!
Monsieur de Gouvignac? eh! mais!... je me rappelle...
Brave officier, qui fit l'action la plus belle!...
J'en fus témoin.

M. DE GOUVIGNAC.

Comment?... monsieur a donc servi?

DARICOUR.

Dix ans. De vous revoir, d'honneur, je suis ravi.

Vous savez bien !... ce jour !... en Souabe, en Bavière...
C'était... le nom m'échappe... au bord d'une rivière?

M. DE GOUVIGNAC.

Au bord de l'Inn?

DARICOUR.

Eh! oui, de l'Inn; c'est celle-là.

M. DE GOUVIGNAC.

Etait-ce à Rozenheim?

DARICOUR.

Rozenheim; m'y voilà!
Vous fîtes manœuvrer joliment votre troupe,
Quand de ce monticule elle atteignit la croupe.

M. DE GOUVIGNAC.

Eh! non; c'était en plaine.

DARICOUR.

Eh! oui, si vous voulez.
Il est sûr que le trait fut des plus signalés.
Vous vous couvrîtes là d'une immortelle gloire.

M. DE GOUVIGNAC.

Oui; je contribuai, je pense, à la victoire,
En chargeant!... il fallut que l'ennemi cédât.
Quel grade avait monsieur?

DARICOUR.

J'étais simple soldat.
J'ai cessé de cueillir les lauriers militaires,
Et je me suis jeté depuis dans les affaires.
Me voilà directeur.

MADAME BELVAL.

Messieurs, pour rappeler
L'ancienne connaissance, et la renouveler,

Dînez chez moi tous deux, et vous aussi, Sainville.

DARICOUR.

Madame!...

M. DE GOUVIGNAC.

Très flatté de votre offre civile.

MADAME BELVAL.

Vous aurez, cher major, des convives choisis,
Qui vous divertiront...

M. DE GOUVIGNAC.

Dès qu'ils sont vos amis...

MADAME BELVAL.

Si vous avez affaire, entre nous point de gêne.

M. DE GOUVIGNAC.

Mais...

MADAME BELVAL.

L'heure du dîner n'est pas encor prochaine.

M. DE GOUVIGNAC.

De la permission je vais donc profiter
Pour courir...

SAINVILLE.

L'heure aussi m'oblige à vous quitter.
Mesdames, agréez...

MADAME BELVAL.

À tantôt, je vous prie,
Et je vous laisse aller.

M. DE GOUVIGNAC.

Point de cérémonie.
À tantôt.

DARICOUR.

Adieu donc, monsieur, de tout mon cœur.

M. DE GOUVIGNAC.

De tout mon cœur, adieu, monsieur le directeur.

DARICOUR.

Oh! ça, ne manquez pas; on fait fort bonne chère
Chez madame. Major, vous buvez sec, j'espère?

M. DE GOUVIGNAC.

Mais pas mal. Au revoir.

(*à part.*)

Diantre! ce financier
Chez madame Courmon a l'air bien familier!
(*à Sainville.*)
Venez-vous, mon neveu?

(*Gouvignac et Sainville sortent ensemble.*)

SCENE IX.

HENRIETTE, MADAME BELVAL, DARICOUR.

HENRIETTE.

Grace au ciel, je respire.

MADAME BELVAL.

Pauvre enfant!... J'avais peine à m'empêcher de rire,
Tandis qu'à sa gaîté donnant un libre essor
Daricour a si bien reconnu le major,
Qu'il n'avait jamais vu.

HENRIETTE.

Quoi! c'était une fable?

MADAME BELVAL.

Sans doute.

HENRIETTE.

Moi, j'ai cru tout cela véritable.
Je vois que mon tuteur est bon comédien.

DARICOUR.

Lorsque je suis entré, je n'y comprenais rien.
Voilà donc ce major, cet oncle de Sainville,
Qui vous fait bien souffrir, mon aimable pupille.

HENRIETTE.

Moi? je ne souffre point. C'est à vous, mon tuteur,
Pourrais-je l'oublier? que je dois mon bonheur;
Mon travail me suffit; il fait vivre ma mère;
Et c'est par vos bienfaits...

DARICOUR.

Que dites-vous, ma chère?

HENRIETTE.

Je dis la vérité; si d'utiles leçons
M'ont instruite à tenir les pinceaux, les crayons,
Si mon talent nous donne une honnête existence,
Tout me vient de vous seul; soins, démarches, dépense,
Rien ne vous a coûté...

DARICOUR.

J'ai fait ce que j'ai dû;
Votre bon père, hélas! que nous avons perdu,
Était mon camarade et mon ami d'enfance;
Je l'ai vu s'affaiblir, languir dans la souffrance;
Et ses regards mourants me disaient qu'après lui
Il comptait bien en moi vous laisser un appui;
Ce pauvre Rosemon!... un digne, un galant homme!
Et grand acteur, ma foi!... comme il jouait Vendôme!
Oreste, Rhadamiste!... on s'en souvient encor!

Et parbleu! n'en déplaise à monsieur le major,
Il devrait être fier de vous avoir pour nièce;
Vous tenez du talent vos titres de noblesse.

MADAME BELVAL.

Il pense, par malheur, tout autrement que nous,
Et l'amour de Sainville excite son courroux.
Mais nous viendrons à bout de cet oncle intraitable.
(*à Daricour.*)
Vous me seconderez?

DARICOUR.

Oui, si j'en suis capable.

MADAME BELVAL, *à Henriette.*

Voulez-vous qu'avec lui je vous prie à dîner?

HENRIETTE.

De ma mère long-temps je ne puis m'éloigner;
Elle est seule, et m'attend.

DARICOUR.

Retournez auprès d'elle.
Offrez-lui mon respect, mon amitié fidèle.

MADAME BELVAL.

Faites-lui partager l'espoir que je conçoi.

HENRIETTE.

Je l'instruirai sur-tout de vos bontés pour moi.
(*Elle sort.*)

SCENE X.

MADAME BELVAL, DARICOUR.

DARICOUR.

Nous pouvons donc enfin causer sans nul obstacle.

MADAME BELVAL.

Parlons de mon dîner.

DARICOUR.

Parlons de mon spectacle.

MADAME BELVAL.

Ah! s'il vous plaît, d'abord songeons au plus pressé.

DARICOUR.

Le plus pressé, c'est moi; je suis embarrassé...

MADAME BELVAL.

Avec le cher major savez-vous qui j'invite?
Nos camarades...

DARICOUR.

Bon!

MADAME BELVAL.

J'en réunis l'élite,
Vous d'abord, mon ami...

DARICOUR.

Mais qui jouera ce soir?

MADAME BELVAL.

Pour convives, voyons qui nous pourrons avoir?...

DARICOUR.

Personne.

MADAME BELVAL.

Il nous faudra Darminville et sa femme,
Limeuil!...

DARICOUR.

Le premier rôle! Y pensez-vous, madame?

MADAME BELVAL.

Montigny le comique; il nous divertira.

DARICOUR.

Sans doute... et mon théâtre aujourd'hui fermera.

MADAME BELVAL.

Mais comme vous voudrez. Pour moi, je suis malade.

DARICOUR.

Vous ne vous gênez pas, ma chère camarade.

MADAME BELVAL.

Bon! si vous le voulez, cela peut s'arranger.

DARICOUR.

Oui, quand l'affiche est mise.

MADAME BELVAL.

On n'a qu'à la changer.

DARICOUR.

La recette, ce soir, n'en sera pas meilleure.

MADAME BELVAL.

Mais non. Ceux qui joueront s'en iront de bonne heure,
En se levant de table; ainsi point d'embarras.

DARICOUR.

Ma chère amie, et vous, là, ne jouerez-vous pas?
Dans la petite pièce, au moins, je vous conjure...

MADAME BELVAL.

Puisque vous le voulez, mettez donc *la Gageure;*
Mais vous me saurez gré de l'effort que je fais...

DARICOUR.

Le grand effort!...

MADAME BELVAL.

C'est bien pour vous, je vous promets,
Et je ne jouerai pas la semaine prochaine.

DARICOUR.

Comment?...

MADAME BELVAL.

Mon médecin veut que je me promène.

DARICOUR.

À son moindre caprice il faut me résigner!...

MADAME BELVAL.

Vous ne m'en voudrez pas!... J'ai du monde à dîner.

(*Elle sort.*)

SCENE XI.

DARICOUR, *seul.*

Qu'un directeur de troupe est un mortel à plaindre!
Mille ennuis à souffrir, et sa ruine à craindre!
Daricour, ce fut bien pour tes péchés, je croi,
Que tu vins à Bordeaux prendre ce chien d'emploi.

FIN DU PREMIER ACTE.

VARIANTES
DU PREMIER ACTE.

(1) SCÈNE IV, PAGE 9.

Le major entreprit ma consolation ;
Il y mettait du zèle !... Entre nous, je me vante
Qu'il n'a tenu qu'à moi d'être un peu votre tante.

SAINVILLE.

Je le crois aisément.

MADAME BELVAL.

L'oncle n'est point changé, etc...

(2) SCÈNE IV, PAGE 10.

MADAME BELVAL.

Non ; j'ai pris le parti d'écouter, de me taire.
Je n'ai point contredit ses déclamations.
Combien il a donné de malédictions
Au théâtre, aux acteurs, et sur-tout aux actrices !
Il faut qu'il ait un peu vécu dans les coulisses ;
Il n'est pas mal instruit : je trouvais amusant
Que, ne se doutant pas, etc...

(3) SCENE VI, PAGE 15.

MADAME BELVAL.

Vraiment ! sans chercher loin, je saurais bien qu'en dire,
Et la matière prête assez à la satire :

Mais laissons ce sujet qui vous met en souci;
Je veux vous présenter ma nièce que voici.
(*à Henriette.*)
Approchez, Rosalie.

M. DE GOUVIGNAC.

Ah! ah! mademoiselle
Est votre nièce?

MADAME BELVAL.

Eh! oui. Je vous ai parlé d'elle
Hier, je pense?

M. DE GOUVIGNAC.

Non: dans tout notre entretien
Vous n'en avez rien dit, et je m'en souviens bien.
Oh! comme dans ses traits on voit l'air de famille!

MADAME BELVAL.

D'une sœur que j'aimais elle est la seule fille.

M. DE GOUVIGNAC.

On ne peut pas la voir sans y prendre intérêt.

MADAME BELVAL.

Répondez donc, ma nièce.

HENRIETTE, *en tremblant.*

Ah! si monsieur promet, etc.

(4) SCÈNE VI, PAGE 18.

MADAME BELVAL.

Vous nous ferez plaisir.

SAINVILLE.

L'aimable compagnie
Que je me plais à voir en ces lieux réunie...

M. DE GOUVIGNAC.

Est celle qu'il vous faut.

SAINVILLE.

J'en suis persuadé.

M. DE GOUVIGNAC.

Vous savez le proverbe; il est très bien fondé.

On ne peut apporter trop de délicatesse
Au choix de ses amis.

(*bas, à madame Belval.*)

A votre aimable nièce, etc...

ACTE SECOND.

SCENE PREMIERE.

MADAME BELVAL, DARICOUR.

DARICOUR.

Ma foi ! je vous le dis, sans fade complaisance,
Personne autant que vous n'a de grace et d'aisance;
Bien faire les honneurs est un de vos talents;
Et quel dîner?... parfait! tous vos vins excellents!
J'admirais du major l'appétit indomptable;
À la place d'honneur, auprès de vous, à table,
Mangeant bien, buvant mieux, mais galant, empressé,
Par vous de mots flatteurs bien souvent caressé,
Il vous aime, il est pris; le moyen qu'il résiste!...
De vos adorateurs il va grossir la liste...

MADAME BELVAL.

Allons; vous plaisantez.

DARICOUR.

Je parle tout de bon.

MADAME BELVAL.

Il pensait courtiser madame de Courmon;
Pour moi, je m'amusais, plus qu'on ne saurait croire,
De voir ce bon major si plein de vaine gloire,

Et, des comédiens ennemi déclaré,
D'actrices et d'acteurs être à table entouré,
S'y plaire, avec eux tous jouer gaîment son rôle,
Rire et boire d'autant...

DARICOUR.

Le tour est assez drôle;
Mais vous compromettez ainsi la dignité
De monsieur Gouvignac...

MADAME BELVAL.

Dites sa vanité.

DARICOUR.

À propos, je vous veux parler de Cléofile;
À cette pauvre enfant vous pourriez être utile;
Elle va nous quitter.

MADAME BELVAL.

Ah! vous la renvoyez?...

DARICOUR.

Non; ce n'est pas le mot. Mais que faire? voyez!
Elle et Lisbeth auraient quelques scènes fatales;
Rivales en amour, au théâtre rivales,
C'est trop de la moitié; ces deux femmes jamais
Ne peuvent vivre ensemble, et demeurer en paix;
Je préviens un duel.

MADAME BELVAL.

Ah! vraiment! votre empire
Est agité souvent de troubles qui font rire.

DARICOUR.

Je n'en ris pas toujours.

MADAME BELVAL.

Par votre arrangement

Il faut à Cléofile un autre engagement.

DARICOUR.

C'est cela. J'ai recours à vos bontés pour elle.
Le directeur d'Angers... Vous savez... qui s'appelle...
Un nom en gnic, en gnac... Je suis mal avec lui;
Mais on m'apprend qu'il est à Bordeaux aujourd'hui,
Et très probablement vous aurez sa visite.
Il a déja promis d'engager la petite.
Recommandez-la-lui.

MADAME BELVAL.

Vraiment! de tout mon cœur.
C'est une bonne enfant, bavarde, par malheur,
Étourdie, et sujette à beaucoup de caprices.
Mais d'Angers son talent doit faire les délices.
Oui; je la placerai.

DARICOUR.

Je vous suis obligé.
Tenez; ce soir, malgré le spectacle changé,
Je crois que nous pourrons avoir encor du monde;
Je m'en vais au théâtre, où je ferai ma ronde...

MADAME BELVAL.

Nos camarades sont tous partis à présent;
J'irai bientôt...

DARICOUR.

Voici votre nouvel amant,
Monsieur de Gouvignac, qui vous cherche sans doute.

SCENE II.

M. DE GOUVIGNAC, MADAME BELVAL, DARICOUR.

M. DE GOUVIGNAC, *à part, en entrant.*

Ce maudit financier est toujours sur ma route,
Tête à tête avec elle... Ah!...

DARICOUR.

Monsieur le major,
Enchanté dans ces lieux de vous trouver encor!
J'allais sortir.

M. DE GOUVIGNAC, *saluant.*

Monsieur!...

(*à madame Belval.*)

Toute votre assemblée
S'est, après le dîner, promptement écoulée;
Pour Sainville, il avait un devoir à remplir.

MADAME BELVAL.

J'espère que bientôt il pourra revenir,
Et je l'en ai prié.

M. DE GOUVIGNAC.

Toujours bonne, obligeante!
Ce dîner m'a ravi; réunion charmante!
Je n'avais qu'un regret; c'était de n'y point voir
Votre nièce avec vous.

MADAME BELVAL.

Elle a voulu ce soir

Aller passer le temps chez une bonne amie ;
Elle est timide, et craint nombreuse compagnie.

M. DE GOUVIGNAC.

Vous aviez là des gens qui parlaient de bon sens,
D'autres remplis d'esprit, et fort divertissants.
Ce sont là vos amis?... Je vous en félicite.

MADAME BELVAL.

Je les vois tous les jours.

M. DE GOUVIGNAC.

Ils ont bien du mérite ;
Et leur société me conviendrait très fort.

MADAME BELVAL.

Ils seraient bien flattés...

M. DE GOUVIGNAC.

J'ai vu cela d'abord.
Des femmes de bon ton, aussi sages que belles!

DARICOUR.

Pour la fidélité ce sont des tourterelles!

M. DE GOUVIGNAC.

Oh! je n'en doute pas. Ce sont des connaisseurs,
Que ces messieurs!... Vraiment! Ils jugent les auteurs!

DARICOUR.

Ils les savent par cœur.

M. DE GOUVIGNAC.

Ils ont de la lecture.
Et m'ont paru versés dans la littérature.

DARICOUR.

Dans celle du théâtre.

M. DE GOUVIGNAC.

Ils en parlaient fort bien.

MADAME BELVAL.

Je n'aimais pas pour vous ce sujet d'entretien.
Il pouvait vous déplaire, en rappelant vos peines.

M. DE GOUVIGNAC.

Il m'a bien quelquefois fait penser aux fredaines
De monsieur mon neveu; mais, d'un autre côté,
Il me divertissait, et je l'ai fort goûté;
Car, avec de l'esprit, qui n'aime le théâtre?
Savez-vous qu'autrefois j'en étais idolâtre?
Dans ma jeunesse, à Lille, étant en garnison,
Je jouais le tragique en certaine maison;
Je disais, d'une voix noble et passionnée:
Vertueuse Zaïre, avant que l'hyménée;...
Et la Zaïre était la dame du logis,
Mes premières amours... J'en étais fort épris,
Comme on l'est à vingt ans... Elle était très jolie!

MADAME BELVAL.

Ah! vous deviez aimer alors la comédie!

M. DE GOUVIGNAC.

Je l'aime bien encor; j'en conviens avec vous;
Cela n'empêche pas...

MADAME BELVAL.

Cher major, entre nous,
Puisque l'art théâtral a tant de quoi vous plaire,
Aux artistes comment êtes-vous si contraire?
Sur eux dans vos discours quand vous vous déchaînez...

M. DE GOUVIGNAC.

Eh! n'ai-je pas raison?

MADAME BELVAL.

Je ne crois pas.

M. DE GOUVIGNAC.

Tenez,
Je pense mal sur-tout, moi, des comédiennes,
Parceque... vous savez... que ce sont des sirènes...
Il faut s'en défier; aussi n'est-ce pas moi
Qu'elles pourront tromper; et j'en donne ma foi.

DARICOUR.

Ah! ne jurons de rien. Tel qui croit les connaître
Souvent en fut la dupe, ou bien est près de l'être.
Major, je vous salue.

M. DE GOUVIGNAC.

Adieu, monsieur, adieu.

SCENE III.

M. DE GOUVIGNAC, MADAME BELVAL.

M. DE GOUVIGNAC.

Il me tardait beaucoup qu'il fût hors de ce lieu;
J'ai bien à vous parler; je souffrais le martyre;
Devant tant de témoins je n'ai pu vous rien dire.
Il faut que je m'explique, et vous ouvre mon cœur.
Oui, de vous retrouver puisque j'ai le bonheur,
Je ne veux plus vous perdre; enfin, aimable amie,
Ce jour va décider du destin de ma vie;
Et c'est vous qui pourrez d'un seul mot le fixer.

MADAME BELVAL.

Quelle vivacité!... Je ne sais que penser...
(*à part.*)
Bon, je le vois venir.

M. DE GOUVIGNAC.

Que de fois, à Grenoble,
J'admirai vos vertus, votre conduite noble!
Quoique feu votre époux, ce brave de Courmon,
Ne vous eût rien laissé qu'un honorable nom,
Vous aviez les respects, l'universel hommage...

MADAME BELVAL.

Vous êtes indulgent, et tenez un langage
D'ancien ami...

M. DE GOUVIGNAC.

Pardon, si je vous contredis.
À votre âge, on n'a pas encor d'anciens amis.
Vous êtes jeune et belle.

MADAME BELVAL.

Ah! point de flatterie.

M. DE GOUVIGNAC.

Je ne vous flatte point. Laissez-moi, je vous prie,
Poursuivre mon discours. Je vous retrouve ici
Dans un état d'aisance; au moins j'en juge ainsi
Par ce train de maison et par votre dépense...

MADAME BELVAL.

En effet, sans avoir ce qu'on nomme opulence,
Je ne suis point à plaindre, et je ne me plains point.

M. DE GOUVIGNAC.

J'en puis, de mon côté, dire autant sur ce point.
Je suis fort à mon aise, et ma fortune est claire;
Quarante mille francs de rente en fonds de terre:
On vient me voir; chez moi je tiens comme une cour.
Savez-vous ce qui manque en ce noble séjour?
Une dame du lieu charmante, respectable,

Qui fasse les honneurs du château, de la table.

MADAME BELVAL.

Vous les faites, sans doute.

M. DE GOUVIGNAC.

Ah! c'est bien différent!
Quel attrait autour d'elle une femme répand!
Par sa seule présence elle anime, elle égaie,
Elle enchante un désert.

MADAME BELVAL.

La remarque est bien vraie.
Mais comment se fait-il, pensant de la façon,
Qu'un homme tel que vous soit demeuré garçon?

M. DE GOUVIGNAC.

Oh! de me marier j'ai souvent eu l'envie;
Souvent je m'ennuyais de mon genre de vie:
Mais j'étais retenu par la réflexion.
Les femmes, à présent, ont si peu de raison!
J'ai trompé des maris; j'ai craint qu'une coquette
Ne me fît du passé trop bien payer la dette:
Vous seule avez fixé mes vœux irrésolus;
Et, si vous consentez, je ne balance plus.

MADAME BELVAL.

Vous m'honorez beaucoup par tant de confiance;
Mais c'est aller bien vite, et votre impatience
Me surprend à tel point...

M. DE GOUVIGNAC.

Je sais ce que je fais;
Depuis assez long-temps, je crois, je vous connais.
Nos jeunes officiers, troupe leste et volage,
Échouaient près de vous, perdaient leur étalage;

Par votre air réservé vous les déconcertiez :
Toute jeune et charmante enfin que vous étiez,
Jamais un seul soupçon, jamais la médisance
De s'exercer sur vous n'aurait pris la licence.
Si quelqu'un eût osé noircir votre vertu,
Pour punir l'insolent je me serais battu ;
Je me battrais encor.

MADAME BELVAL.

Je vous suis obligée ;
Mais de vous exposer je serais affligée.
Pour ma vertu, pour moi, ne vous battez jamais (1).

M. DE GOUVIGNAC.

Dès-lors j'étais à vous, dès-lors je vous aimais.

MADAME BELVAL.

Est-ce bien sérieux? vous plaisantez peut-être?

M. DE GOUVIGNAC.

Doutez-vous d'un amour dont je ne suis pas maître?
Oui, d'un amour... Enfin voilà le mot lâché.
Jamais autant que vous femme ne m'a touché ;
Mon cœur garda toujours votre adorable image.
Le ciel, de sa faveur pour me donner un gage,
M'a ramené vers vous...

MADAME BELVAL.

Oh ! ça, voyez un peu
Si vous êtes bien juste envers votre neveu?
Devriez-vous pour lui vous montrer si sévère?
Par vous-même jugez ce que l'amour fait faire,
Et soyez indulgent.

M. DE GOUVIGNAC.

Allez-vous maintenant

Parler pour mon neveu? pour cet extravagant?
Répondez-moi plutôt, et consentez de grace...

MADAME BELVAL.

Mais il faudrait d'abord que je me consultasse...

M. DE GOUVIGNAC.

Donnez-moi quelque espoir; il me sera bien doux...

SCENE IV.

M. DE GOUVIGNAC, MADAME BELVAL, SAINVILLE.

SAINVILLE.

Me voilà libre enfin; je reviens près de vous.

M. DE GOUVIGNAC.

Ah! c'est vous, mon neveu? nous parlions de vous-même.

MADAME BELVAL.

Oui; je veux obtenir de votre oncle, s'il m'aime,
De vous laisser encore un peu de temps ici.

M. DE GOUVIGNAC.

Oh! mais...

MADAME BELVAL.

Je dois donner un concert ces jours-ci;
J'ai besoin pour cela des talents de Sainville.

M. DE GOUVIGNAC.

Allons! vous le voulez? s'il peut vous être utile,
Nous resterons tous deux.

SAINVILLE.

Ah! mon oncle est galant.
Le beau sexe eut toujours sur lui de l'ascendant.

Je n'aurais pas peut-être obtenu cette grace.

M. DE GOUVIGNAC.

Pour madame il n'est rien qu'en effet je ne fasse.

SCENE V.

M. DE GOUVIGNAC, MADAME BELVAL, AGATHE, SAINVILLE.

AGATHE, *à madame Belval.*

Madame aura changé dé dessein, par hasard?
Ellé dévait aller...

MADAME BELVAL.

Comment?... est-il si tard?

AGATHE.

Huit heures vont sonner.

MADAME BELVAL.

Allons; je sors bien vite.
Je reviendrai... Major, pardon si je vous quitte;
Et j'espère, en rentrant, vous retrouver ici.

M. DE GOUVIGNAC.

Dans l'intervalle, moi, je vais sortir aussi.
Je retourne chez moi; j'ai des lettres à faire.

MADAME BELVAL.

Écrivez-les ici; ce n'est pas une affaire.
Voilà ce qu'il vous faut.

M. DE GOUVIGNAC.

Mais je crains de gêner...

MADAME BELVAL.

Non, non : attendez-moi. Faut-il vous l'ordonner?

M. DE GOUVIGNAC.

Si vous me défendiez de sentir votre absence,
Je ne répondrais pas de mon obéissance.
Revenez donc bientôt.

MADAME BELVAL.

Dès que je le pourrai.

M. DE GOUVIGNAC.

J'attends votre réponse.

MADAME BELVAL.

Eh bien! j'y penserai.

M. DE GOUVIGNAC, *en lui baisant la main.*

Aurai-je le bonheur qu'elle soit favorable?

(*Madame Belval sort avec Agathe.*)

SCENE VI.

M. DE GOUVIGNAC, SAINVILLE.

M. DE GOUVIGNAC.

Voilà ce qui s'appelle une femme adorable!

SAINVILLE.

Je le sais bien, mon oncle, et conviens hautement
Qu'elle peut inspirer un tendre attachement.

M. DE GOUVIGNAC.

Oh! tant qu'il vous plaira faites semblant d'en rire.
(*à part.*)
De mes projets d'hymen je ne veux lui rien dire.

SAINVILLE.

Vous l'aimiez autrefois! N'êtes-vous pas tenté
De rentrer dans ses fers?... J'en serais enchanté.

M. DE GOUVIGNAC.

Dites-moi donc comment cela pourrait vous plaire.

SAINVILLE.

J'espérerais alors, s'il faut ne vous rien taire,
Trouver en vous bien plus d'indulgence pour moi.

M. DE GOUVIGNAC.

Ah! vous l'espéreriez? Je ne vois pas pourquoi.
Sainville, savez-vous ce que vous devez faire?
À sa charmante nièce efforcez-vous de plaire.

SAINVILLE.

À sa nièce?

M. DE GOUVIGNAC.

Oui, sans doute, à cette aimable enfant
Dont l'air est si modeste et le ton si décent:
Moi, j'aimerais beaucoup une nièce pareille...

SAINVILLE.

Vous me le conseillez?

M. DE GOUVIGNAC.

Oui, je vous le conseille.

SAINVILLE.

Peut-être qu'avant peu vous changerez d'avis.

M. DE GOUVIGNAC.

Je n'en changerai point, c'est moi qui vous le dis.

SAINVILLE.

Mon oncle, à vos bontés je dois tout dès l'enfance;
Mon cœur vous a voué respect et déférence...

M. DE GOUVIGNAC.

Eh! n'en parle pas tant; songe à me les prouver;
Songe à former des nœuds que je puisse approuver (2).
Comment peux-tu, bravant ma colère et le blâme,

Dans cet état exprès oser choisir ta femme?

SAINVILLE.

Ce n'est point son état, on vous l'a déja dit.
Mais cet état, enfin, on l'aime, on l'applaudit;
Y réussir n'est pas une petite chose:
Que d'efforts il exige! et combien il suppose
De dons de la nature et de talents acquis!
Avec force, avec grace, avec un goût exquis,
De nos auteurs fameux embellir les ouvrages,
D'un public éclairé mériter les suffrages,
Se transformer sans cesse, et montrer tour-à-tour
L'ambition, la haine, et la joie, et l'amour,
Le crime et ses remords, l'innocence et ses charmes,
À son gré faire naître ou le rire ou les larmes,
Et, mêlant la leçon au divertissement,
Procurer un utile et noble amusement,
Malgré des préjugés injustes et bizarres,
Beaucoup d'estime est due à des talents si rares:
Racine, Despréaux, vivaient avec Baron;
Et Roscius était l'ami de Cicéron,
D'un orateur illustre et d'un consul de Rome.

M. DE GOUVIGNAC.

Cicéron!... Cicéron n'était pas gentilhomme.

SAINVILLE.

Vous m'y faites penser: non, il ne l'était point;
Mais c'était un grand homme, accordez-moi ce point.
Il commença son nom; il fut son propre ouvrage,
Et, sans doute, on l'en doit admirer davantage.
Il naquit plébéien; mais au rang le plus haut (3),
Par son talent divin, il s'éleva bientôt;

Et ce noble nouveau, sauvant Rome trahie,
Le premier fut nommé père de la patrie.
Pour moi, que suis-je enfin? Un guerrier, un soldat,
Dont le bras, dont la vie appartient à l'état;
Mais mon cœur est à moi; souffrez que j'en dispose;
Faut-il qu'à mon bonheur mon cher oncle s'oppose?
De grace...

M. DE GOUVIGNAC.

Épargne-moi des discours superflus.

SAINVILLE.

Si vous me permettiez...

M. DE GOUVIGNAC.

Je ne t'écoute plus:
Ton fol aveuglement et m'indigne et m'afflige.
Laisse-moi seul.

SAINVILLE.

De grace...

M. DE GOUVIGNAC.

Eh! laisse-moi, te dis-je.
Madame de Courmon doit bientôt revenir;
Je veux l'attendre ici. J'ai de quoi réfléchir
Sur un grave sujet dont il est inutile
De t'informer encor.

SAINVILLE.

Sans être fort habile,
Je crois le deviner, et j'ose même y voir
De quoi me confirmer dans mon plus cher espoir.

M. DE GOUVIGNAC.

Oh! ne te flatte pas que jamais je consente...

SAINVILLE.

Madame de Courmon sera bien plus puissante.
Je vois qu'auprès de vous mes efforts seraient vains,
Et je laisse ma cause en de meilleures mains.

(*Il sort.*)

SCENE VII.

M. DE GOUVIGNAC, *seul.*

Que peut-il espérer? et qu'est-ce qu'il veut dire?
Madame de Courmon a sur moi grand empire,
Mais non pas jusqu'au point de m'aveugler si fort!...
Mais que dis-je?... avec moi je la verrai d'accord;
Dans tout ce qui convient elle est trop bien instruite;
C'est la raison, l'honneur, qui règle sa conduite...

SCENE VIII.

M. DE GOUVIGNAC, CLÉOFILE.

CLÉOFILE.

Bonjour, monsieur. Voyez; c'est un bonheur pour moi
De vous trouver ici.

M. DE GOUVIGNAC.

Comment cela? pourquoi?

CLÉOFILE.

Pour madame Belval, je sais qu'elle est sortie.
Comme il est à-peu-près huit heures et demie,

J'aurais dû m'en douter : mais on m'a dit là-bas
Que vous étiez ici.

M. DE GOUVIGNAC.

Je ne vous connais pas.
Que voulez-vous de moi, ma belle demoiselle?

CLÉOFILE.

Moi, je vous connais bien : c'est monsieur qui s'appelle
Bourdignac... Baudignac...

M. DE GOUVIGNAC.

Non ; Gouvignac.

CLÉOFILE.

Ah! oui.
C'est monsieur ; et je viens pour causer avec lui.
Vous connaissez mon nom d'abord ; c'est Cléofile.

M. DE GOUVIGNAC.

À la bonne heure. En quoi puis-je vous être utile?

CLÉOFILE.

Actrice au grand théâtre, à Bordeaux ; et je viens
Pour vous faire, monsieur, juger de mes moyens.
Ici, j'étais en chef pour les jeunes princesses,
Les ingénuités ; il n'est guère de pièces
Où je ne sache un rôle ; enfin je tiens l'emploi ;
De ne me point vanter je me fais une loi :
Mais j'ai tout ce qu'il faut pour réussir de reste ;
Un organe touchant, la diction, le geste,
Une ame!... trop sensible!... Enfin, sans me flatter,
Je sais bien qu'à Bordeaux on va me regretter :
J'avais de l'agrément ; j'étais bien accueillie ;
Mais mon talent, monsieur, m'a fait une ennemie.
Vous la connaissez bien.

M. DE GOUVIGNAC.

Moi?

CLÉOFILE.

C'est cette Lisbeth,
Cabaleuse, et si sotte!... une voix de fausset!...
Enfin je ne peux plus me trouver avec elle:
Vous devez le savoir; car de notre querelle
On a plus de vingt fois parlé très longuement
Au journal de la ville et du département (4).

M. DE GOUVIGNAC.

Eh! qu'ai-je affaire, moi, de tout ce bavardage?

CLÉOFILE.

Mais c'est pour m'engager.

M. DE GOUVIGNAC.

Moi? que je vous engage?

CLÉOFILE.

D'abord il faut m'entendre; et, si cela vous plaît,
Je m'en vais devant vous dire quelque couplet.
Par où commencerai-je?.. Hein?.. tragique, ou comique?
Choisissez; vous pourrez me donner la réplique.

M. DE GOUVIGNAC.

La réplique! oui; je suis à cela bien instruit.
Allons, la comédie, à présent, me poursuit,
Pour me faire enrager.

CLÉOFILE.

Voudriez-vous Junie,
Atalide, Aricie, ou bien Iphigénie?

M. DE GOUVIGNAC.

Eh! non, non; mon Dieu! non. Je ne veux rien du tout.

CLÉOFILE.

Pardonnez-moi : je dois consulter votre goût.
Prenons, en comédie, Agnès, ou la pupille,
Marianne, Henriette, Isabelle, Lucile.

M. DE GOUVIGNAC.

Mais à qui croyez-vous parler? Car je suis las,
À la fin...

CLÉOFILE.

Comment donc?... à qui?... N'êtes-vous pas
Le directeur d'Angers?.. un honnête et brave homme!..
N'est-ce pas Baudignac.. Gouvignac qu'on vous nomme?
Et ne venez-vous pas, en secret, à Bordeaux
À dessein d'engager quelques sujets nouveaux?

M. DE GOUVIGNAC.

Eh! non, non.

CLÉOFILE.

Vous chantez très bien la basse-taille?

M. DE GOUVIGNAC.

La basse-taille!... Allons... je crois qu'elle me raille.

CLÉOFILE.

Les pères nobles sont votre emploi, m'a-t-on dit?

M. DE GOUVIGNAC.

Débrouillons une fois ce quiproquo maudit :
Je suis, pour parler net et sans plaisanterie,
Bon gentilhomme, ancien major d'infanterie,
Monsieur de Gouvignac, et non pas directeur,
Ni basse-taille... Eh! mais, ai-je l'air d'un chanteur?

CLÉOFILE.

On peut bien se tromper, sans vous faire une offense.
Je croyais... on m'a dit... Du moins, par complaisance,

À madame Belval, dont vous êtes l'ami,
Monsieur, parlez pour moi.

M. DE GOUVIGNAC.

Parler pour vous!... À qui?

CLÉOFILE.

À Belval. De Bordeaux c'est la première actrice,
Et qui veut bien, monsieur, être ma protectrice;
Car je suis son élève, et j'ai pris ses leçons;
Et, vous trouvant chez elle...

M. DE GOUVIGNAC.

Oh! parbleu! finissons.
La dame du logis est une femme aimable.

CLÉOFILE.

Très aimable!... un talent!...

M. DE GOUVIGNAC.

Et sage, et respectable.
Elle n'est point actrice.

CLÉOFILE.

Eh! mais, pardonnez-moi.

M. DE GOUVIGNAC.

Où prenez-vous cela?

CLÉOFILE.

Je le sais bien, je croi.
Belval...

M. DE GOUVIGNAC.

Eh! ce n'est point Belval qu'elle se nomme;
C'est madame Courmon, veuve d'un gentilhomme,
D'un très bon officier...

CLÉOFILE.

Eh! oui, nous y voilà;

Courmon! elle portait autrefois ce nom-là.
Je sais bien qu'elle était veuve d'un militaire;
Mais vous savez aussi ce qu'on fait d'ordinaire,
Quand on prend le théâtre : on quitte son vrai nom,
Et l'on s'en donne un autre alors de sa façon.
Je m'appelle Angélique, et non pas Cléofile;
Et ma mère, Gambard; c'est son nom, par la ville.

M. DE GOUVIGNAC.

Parbleu! mademoiselle Angélique Gambard,
Je suis fort redevable au bienheureux hasard
Qui me donne l'honneur de votre connaissance...

CLÉOFILE.

Pour madame Belval, elle a de la naissance,
De l'éducation, l'air du monde, en un mot,
Un ton que je copie, et que j'aurai bientôt;
Tout le monde le dit.

M. DE GOUVIGNAC.

Elle!... comédienne!
Madame de Courmon!... En êtes-vous certaine?

CLÉOFILE.

Certaine!... on n'en peut pas douter, assurément.
Tous les jours elle joue, et même en ce moment.

M. DE GOUVIGNAC.

En ce moment!

CLÉOFILE.

Eh! oui, ce soir, dans *la Gageure*;
C'est son triomphe!... Elle est si parfaite! si pure!
Un diamant!... Eh! mais, je fais réflexion...
Je crains d'avoir commis une indiscrétion.

Quoi!... vous ne saviez pas...? Oui, j'aurais dû me taire;
Peut-être que monsieur est son oncle, ou son père.

M. DE GOUVIGNAC.

Eh! non; ni l'un ni l'autre.

CLÉOFILE.

Ah!... d'un si beau talent
On pourrait, en tout cas, vous faire compliment.
Vous avez l'air fâché?... Mais quelle étourderie
J'ai faite là!... Monsieur, n'allez pas, je vous prie,
Dire que c'est par moi que vous avez appris...

M. DE GOUVIGNAC.

Je n'en puis revenir, et je suis si surpris!...

CLÉOFILE.

Mon Dieu!... je vous ai fait peut-être de la peine!

M. DE GOUVIGNAC.

Oh! oui, beaucoup.

CLÉOFILE.

Peut-être aussi que je vous gêne?...

M. DE GOUVIGNAC.

Cela se pourrait bien.

CLÉOFILE.

Je vais donc m'en aller.
À madame Belval vous voudrez bien parler?

M. DE GOUVIGNAC.

Oui, je lui parlerai; je vais ici l'attendre.

CLÉOFILE.

Ah! que j'aurai, monsieur, de graces à vous rendre!
Lorsque vous passerez par Angers, quelque jour,
J'espère avoir l'honneur de vous y voir. Bonjour;

Je vous salue.

M. DE GOUVIGNAC.

Adieu.

(*Cléofile sort.*)

SCENE IX.

M. DE GOUVIGNAC, *seul.*

La cruelle aventure!
Moi, la revoir après une pareille injure!
Non, ne l'attendons pas... Il faudrait éclater!
Car le fait est certain, et je n'en puis douter....
Mon neveu... le sait-il?... Eh! oui... je me rappelle
Certains mots qu'il a dits, lorsque nous parlions d'elle...
Mais voici la suivante.

SCENE X.

M. DE GOUVIGNAC, AGATHE, *portant un panier à robes, ou un carton, qu'elle pose sur un meuble.*

AGATHE.

Ah! Monsur, dans l'instant
Madamé va rentrer; jé marche un peu dévant.

M. DE GOUVIGNAC.

Qu'elle vienne, ou s'en aille, il ne m'importe guère;
Je ne veux plus la voir.

AGATHE.

Êtes-vous en colère?

Qu'avez-vous? quant à moi, jé né puis déviner.
Vous étiéz satisfait en sortant du dîner!...

M. DE GOUVIGNAC.

Eh! je ne m'en plains pas, non plus que des convives.
Leurs manières étaient des plus récréatives.
A propos, qui sont-ils? ne les connais-tu pas?

AGATHE.

Eh! mais, monsur, cé sont des gens dé tous états,
Qué vous dirai-jé, moi? cé sont des militaires,
Négociants, marins, financiers, gens d'affaires,
Tous fort honnêtés gens.

M. DE GOUVIGNAC.

Je t'entends. Va, conviens
Tout naturellement qu'ils sont comédiens.

AGATHE.

Comédiens?... Eh! quoi?

M. DE GOUVIGNAC.

Voyez la perfidie!
On s'est, à mes dépens, donné la comédie!
Mais, morbleu!.. Qu'en dis-tu? sais-je à quoi m'en tenir?
Adieu. Je sors d'ici pour n'y plus revenir

(Il va pour sortir.)

AGATHE.

Quellé vivacité!

M. DE GOUVIGNAC, *revenant sur ses pas.*

Dis bien à ta maîtresse
Que la pièce est finie, et que l'intrigue cesse.
Elle a fort bien joué; j'en conviens avec toi.
Mais, pour le dénouement, qu'on se passe de moi.

(Il sort.)

SCENE XI.

AGATHE, *seule.*

Il s'en va!... Jé lé vois... la mine est éventée!...
Il mé laissé, vraiment!... toute déconcertée!...
Madamé va rentrer. Quoiqu'on ait dé l'esprit,
Comment la saluer dé cé fâcheux récit?

FIN DU SECOND ACTE.

VARIANTES
DU SECOND ACTE.

(1) SCÈNE III, PAGE 42.

Mais de vous exposer je serais affligée.
Mon cher major, pour moi ne vous battez jamais.

(2) SCÈNE VI, PAGE 46.

Songe à former des nœuds que je puisse approuver;
Ne me fais point rougir d'un hymen de coulisse,
D'une personne...

SAINVILLE.

Eh! mais, elle n'est point actrice,
Ne le sera jamais, et ne l'a point été.

M. DE GOUVIGNAC.

Son père était acteur; belle subtilité!
Comment peux-tu, bravant ma colère et le blâme,
Dans cet état exprès aller choisir ta femme?

SAINVILLE.

Ce n'est point son état, je vous l'ai déja dit;
Mais cet état enfin, etc...

(3) SCÈNE VI, PAGE 47.

Du sort le plus obscur, dans le rang le plus haut,
Par son talent divin, etc...

(4) SCÈNE VIII, PAGE 51.

Au journal de la ville et du département.

M. DE GOUVIGNAC.

Je ne le lis jamais.

CLÉOFILE.

Par malheur, les artistes
Sont obligés d'avoir pour eux les journalistes.
J'avais au rédacteur fait d'assez beaux présents ;
Mais il les a trouvés peut-être insuffisants :
Ma rivale sur moi, sans doute, a mis l'enchère ;
Et puis elle a fait plus ; ce n'est pas un mystère...
Tout le monde le sait... Vous m'entendez, je croi?
Mais de pareils moyens ne sont pas faits pour moi.

M. DE GOUVIGNAC.

Eh! qu'ai-je affaire, moi, etc...

ACTE TROISIÈME.

SCENE PREMIERE.

MADAME BELVAL, SAINVILLE.

SAINVILLE.

Voilà tout le succès de ce bel artifice !
Mon oncle a découvert que vous êtes actrice ;
Il veut partir.

MADAME BELVAL.

Eh bien ! laissez-le s'en aller.

SAINVILLE.

Je suis au désespoir.

MADAME BELVAL.

Pourquoi vous désoler ?

SAINVILLE.

C'est qu'il ne prétend pas faire seul le voyage ;
À minuit j'ai reçu de sa part un message
Qui m'annonce qu'il compte être en route aujourd'hui,
Et m'enjoint d'être prêt à partir avec lui.
Ainsi jugez...

MADAME BELVAL.

J'entends. Cet ordre vous afflige
Ne craignez rien.

SAINVILLE.

Comment?

MADAME BELVAL.

Ne craignez rien, vous dis-je.
Il ne partira pas, et je vous en réponds.

SAINVILLE.

Sur quoi le jugez-vous?

MADAME BELVAL.

Sur de bonnes raisons.
Pensez-vous, s'il vous plaît, quand on est dans ma chaîne,
Qu'on puisse la briser avec si peu de peine?
Vous vous trompez beaucoup, et, sans trop me flatter,
Il faut quelques efforts, mon cher, pour me quitter.
Mais que veut Daricour?

SCENE II.

DARICOUR, MADAME BELVAL, SAINVILLE.

DARICOUR.

Eh! que viens-je d'apprendre?
Le piége où le major s'est d'abord laissé prendre,
Il l'a donc reconnu?... Le fâcheux incident!

MADAME BELVAL.

Oui; votre Cléofile a jasé sottement.
L'oncle, dans son courroux, veut quitter notre ville,
Et même, en s'en allant, nous enlève Sainville.

DARICOUR, *à Sainville.*

Dites-lui que tout seul il se mette en chemin;
Et, s'il part aujourd'hui, mariez-vous demain;

À ces oncles fâcheux il faut apprendre à vivre :
C'est mon avis, à moi.

SAINVILLE.

Que ne puis-je le suivre !
J'avais voulu d'abord, et vous le savez bien,
Former, sans son aveu, ce cher et doux lien ;
Henriette et sa mère ont résisté sans cesse ;
Je leur ai mille fois offert une promesse ;
La voici bien signée ; et voulez-vous encor
Aller la leur offrir ?

DARICOUR.

Oh ! non pas ; j'aurais tort,
Et j'échouerais. La mère a l'esprit ferme et sage.
Ce papier-là ne peut être d'aucun usage.

SAINVILLE.

C'est mon oncle d'abord qu'il faut persuader.

DARICOUR.

Soit. Mais, comme jamais il ne voudra céder...

SAINVILLE.

Vous me désespérez ; ce papier inutile
N'est bon qu'à déchirer...

(*Il va pour le déchirer.*)

MADAME BELVAL, *le lui prenant des mains.*

Que faites-vous, Sainville ?
Voyons. Cette promesse, il faut me la donner.

SAINVILLE.

Ah ! mon oncle jamais ne voudra la signer.

MADAME BELVAL.

C'est ce que nous verrons ; et, pourvu qu'il revienne,
Je suis femme d'abord, et puis comédienne (1) :

Il m'aime ; je suis loin d'en vouloir abuser ;
Pour de bonnes raisons je ne puis l'épouser ;
Il ne les connaît pas.

SAINVILLE.

Il est vrai ; pas encore.
Mais il peut découvrir bientôt ce qu'il ignore.

MADAME BELVAL.

Je me hâterai donc de travailler pour vous.

SAINVILLE.

Comment le ramener, et vaincre son courroux ?

MADAME BELVAL.

Il aime le théâtre ? eh bien ! j'ai quelque envie
De lui faire avec moi jouer la comédie,
Sans qu'il s'en doute encor ; j'aurai bien le talent
D'arranger une scène...

SCENE III.

DARICOUR, MADAME BELVAL, AGATHE, SAINVILLE.

AGATHE, *accourant.*

Ah ! madame, à l'instant
Monsur dé Gouvignac arrivé. Qué lui dire ?

SAINVILLE.

Mon oncle ?

AGATHE.

Eh ! oui, monsur.

DARICOUR, *à madame Belval.*

Cela vous fait sourire !

MADAME BELVAL, *à Sainville.*

Je vous avais bien dit qu'il ne partirait pas.

AGATHE.

Antoiné lé rétient quelqués instants là-bas;
Mais il né peut tarder.

SAINVILLE.

Eh bien ! qu'allez-vous faire?

MADAME BELVAL.

Il faut nous concerter d'abord sur cette affaire;
Convenir de nos faits, de crainte d'accidents;
Allons apprendre un peu nos rôles là-dedans.
Agathe, restez là.

AGATHE.

Moi?.. mais, qué lui dirai-je?

MADAME BELVAL.

Tout ce que vous voudrez.

AGATHE.

Encor?..

MADAME BELVAL.

Dites... que sai-je?
Que madame est dehors, qu'elle vient de sortir,
Mais qu'elle va rentrer... Sachez un peu mentir.

AGATHE.

Ah! madamé sait bien commé jé mens pour elle,
Quand il en fait bésoin.

DARICOUR.

Cette fille a du zèle.

MADAME BELVAL, *à Daricour.*

Mauvais plaisant!.. venez.

(*Ils entrent dans l'appartement de madame Belval.*)

SCENE IV.

AGATHE, *seule.*

Cé monsùr lé major,
Chez nous, dités-moi donc, qué vient-il faire encor?
Il était en courroux hier contré madame!
Sé peut-il qué déja pour elle il sé renflamme?
C'est l'effet du théâtre; oui, dès qu'elle y paraît,
Uné femme en réçoit un mérite, un attrait!..
Oh! quand débuterai-je?.. Enfin j'en vois plus d'une,
Qué jé vaux bien, jé pense, et qui fait sa fortune...
Jé veux fairé la mienne... Eh! donc?.. mais lé voici.
Sachons cé qu'il nous veut.

SCENE V.

M. DE GOUVIGNAC, AGATHE.

M. DE GOUVIGNAC, *à part, sans voir Agathe.*

Je prends le bon parti.
Se fàcher est folie. Eh bien! elle est actrice;
Loin de m'en plaindre, il faut que je m'en applaudisse;
Cela va m'être utile;.. on pourra s'arranger...
Il est un *decorum* qu'il faudra ménager...

AGATHE, *à part.*

Qué dit-il là tout seul?

M. DE GOUVIGNAC, *à part.*

Ah! voici la suivante.

AGATHE, *de même.*

Je pensé qu'il mé voit.

M. DE GOUVIGNAC, *de même.*

Gagnons la confidente.

Elle peut me servir.

AGATHE, *toujours à part.*

Approchons dé plus près.

M. DE GOUVIGNAC, *de même.*

Il la faut, en payant, mettre en mes intérêts.

(*haut.*)

Votre belle maîtresse...

AGATHE.

Elle n'est pas chez elle.

M. DE GOUVIGNAC.

Ah! que m'apprenez-vous? la fâcheuse nouvelle!..
Mais si je puis causer avec vous un moment,
Je l'attendrai, je crois, fort agréablement.

AGATHE.

Monsur est bien galant.

M. DE GOUVIGNAC.

Vous êtes fort jolie.

AGATHE.

Monsur, on mé l'a dit quelquéfois dans ma vie.

M. DE GOUVIGNAC.

Vous connaîtriez-vous, par hasard, en bijoux?

AGATHE.

Moi?

M. DE GOUVIGNAC.

Cette bague-ci, comment la trouvez-vous?

AGATHE.

Oh! commé céla brille!

M. DE GOUVIGNAC.

Eh bien?

AGATHE.

Elle est fort belle.

M. DE GOUVIGNAC.

Gardez-la.

AGATHE.

Vous voulez?

M. DE GOUVIGNAC.

C'est une bagatelle.
Point de remercîment.

AGATHE, *a part.*

Céla commencé bien.

M. DE GOUVIGNAC.

Hier, j'étais fâché ; ce matin, je revien...

AGATHE, *à part.*

Peut-être il veut m'aimer, qué sait-on? par vengeance.

M. DE GOUVIGNAC.

J'attends beaucoup de vous, de votre intelligence...

AGATHE.

Ah! monsur,.. vous avez dé si noblés façons!..

M. DE GOUVIGNAC.

Dites, puis-je espérer?..

AGATHE.

Qué vous plaît-il?.. voyons.

M. DE GOUVIGNAC,

Eh bien! ma chère enfant, il faut, avec adresse,
Parler en ma faveur à ta belle maîtresse.

AGATHE, *à part.*

Hé donc! jé mé trompais.

M. DE GOUVIGNAC.

Je crois que, sur ses pas,
Des courtisans nombreux?...

AGATHE.

Hé, nous n'en manquons pas,

M. DE GOUVIGNAC.

Parlons à cœur ouvert. Dans le nombre, ma chère,
N'est-il pas un heureux qu'en secret on préfère?
Par exemple... Mircour?

AGATHE.

Qui? lé financier?

M. DE GOUVIGNAC.

Oui.
Qu'en dis-tu?..

AGATHE.

Né prénez aucun soupçon dé lui;
Jé réponds...

M. DE GOUVIGNAC.

J'ai cru voir...

AGATHE.

C'est qu'ils ont voulu rire:
Madamé vient...

(*à part.*)

Tant mieux; car j'allais en trop dire.

SCENE VI.

M. DE GOUVIGNAC, MADAME BELVAL, *comme revenant du dehors, entre sans faire semblant d'abord de voir M. de Gouvignac.*

MADAME BELVAL.

Agathe, je reviens...

(*jouant la surprise.*)

Ah! major, vous ici?

M. DE GOUVIGNAC.

Madame, vous voyez...

MADAME BELVAL.

Quoi!.. me surprendre ainsi!..

Je rentre, et je vous trouve... Ah! je suis tout émue!

M. DE GOUVIGNAC.

Qu'avez-vous?.. est-ce moi?

MADAME BELVAL.

Sans être prévenue...

Quand je n'espérais plus de jamais vous revoir...

C'est un saisissement!.. j'ai besoin de m'asseoir.

Vous permettez?.. Agathe!.. un siége.

AGATHE, *à part.*

L'entend-elle?

M. DE GOUVIGNAC, *donnant promptement un siége.*

Je vais en donner un. Laissez, mademoiselle.

MADAME BELVAL, *assise.*

C'est bien aimable à vous d'être ainsi revenu!

Je vous reconnais là.

M. DE GOUVIGNAC.

Comment!.. aviez-vous cru?..

MADAME BELVAL.

Vous aviez, m'a-t-on dit, montré tant de colère!
Vous m'avez fait bien mal!..

M. DE GOUVIGNAC.

Si j'ai pu vous déplaire,
Pardon. J'aurais besoin de causer avec vous.

MADAME BELVAL.

Soit. Donnez à monsieur un siége, et laissez-nous.

AGATHE *donne un siége au major, et dit, à part, en s'en allant:*

Voilà cé qui s'appelle un talent véritable!
Jé laissé lé major dans un péril notable.

SCENE VII.

M. DE GOUVIGNAC, MADAME BELVAL.

M. DE GOUVIGNAC.

Êtes-vous un peu mieux?

MADAME BELVAL.

Oui; ce ne sera rien.
Asseyez-vous.

M. DE GOUVIGNAC, *assis, et à part.*

Par où commencer l'entretien?

MADAME BELVAL.

Vous allez donc partir?

M. DE GOUVIGNAC.

Voulez-vous que je reste?

Cela dépend de vous.

MADAME BELVAL.

Comment?

M. DE GOUVIGNAC.

Je vous proteste
Que vous pouvez, ma reine, ici me retenir;
L'amour chez la beauté se fixe avec plaisir.
Je formais, à l'instant, un plan sage, très sage,
Qui m'offrait du bonheur la séduisante image.

MADAME BELVAL.

Quel est-il?

M. DE GOUVIGNAC.

Je voudrais vous le faire adopter;
Ce serait d'être unis, de ne nous plus quitter.

MADAME BELVAL.

À de pareils discours comment croirais-je encore?
Vous ne pouvez m'aimer.

M. DE GOUVIGNAC.

Qui? moi? je vous adore.

MADAME BELVAL.

Depuis que vous savez quel état est le mien...

M. DE GOUVIGNAC.

Qu'importe? à mon projet cela ne gâte rien.
Heureux de posséder une charmante amie,
Par mille attentions j'embellirais sa vie;
Je voudrais prévenir le moindre de ses vœux...

MADAME BELVAL.

Plaît-il?...

M. DE GOUVIGNAC.

Tout deviendrait commun entre nous deux;

Entre amis, entre amants, sans scrupule on partage;
Quand le cœur s'est donné.

MADAME BELVAL.

Quel est donc ce langage?
À qui s'adresse-t-il?... Est-ce à moi, s'il vous plaît?

M. DE GOUVIGNAC, *un peu déconcerté.*

Madame!...

MADAME BELVAL.

Vous rêvez, à ce qu'il me paraît?

M. DE GOUVIGNAC.

Quel ton?

(*à part.*)

Ce n'est pas là comme il fallait s'y prendre?

MADAME BELVAL, *se levant.*

Je vous estime assez pour ne vous pas comprendre.

M. DE GOUVIGNAC, *se levant aussi, et à part.*

Elle refuse!... Allons! c'est tout de bon, ma foi!

MADAME BELVAL, *à part.*

Ah! monsieur le major, vous pensez mal de moi?
Je ne l'aurais pas cru.

M. DE GOUVIGNAC.

Que dites-vous, ma chère?
Vous aurais-je fâchée? est-ce de la colère?

MADAME BELVAL.

Oh! non; je n'en ai point.

(*à part.*)

Mais je me vengerai,
Et vous ferez, major, tout ce que je voudrai.

(*haut.*)

Vous me méconnaissez; votre erreur est extrême:

On peut changer d'état; le cœur reste le même.
Auriez-vous autrefois si mal jugé le mien?

M. DE GOUVIGNAC.

De madame Belval je pense encor très bien;
Daignez croire...

MADAME BELVAL.

Écoutez, et rendez-moi justice.
Je suis franche, sincère, exempte d'artifice.
Mon état actuel ne m'avait fait jamais
Jusqu'à ce moment-ci connaître les regrets;
J'ouvre les yeux; j'y vois un malheur véritable;
J'avais cru retrouver un ami... bien aimable...
Un ami que jamais je n'avais oublié;
J'ai retrouvé l'ami, mais non pas l'amitié.

M. DE GOUVIGNAC.

Eh! mais, pardonnez-moi; ne doutez pas, madame...

MADAME BELVAL.

Je veux que vous lisiez jusqu'au fond de mon ame;
Vos projets de départ m'ont causé du chagrin;
J'en ai versé des pleurs, cette nuit, ce matin;
J'avais tort; cette fuite, à mes vœux si contraire,
Devient à mon repos désormais nécessaire;
Oui, partez, puisqu'ainsi vous l'avez résolu;
C'est un malheur pour moi de vous avoir revu,
Lorsqu'à fixer vos vœux je ne dois plus prétendre;
Vous m'oublîrez bientôt, et je m'y dois attendre;
Mais rien n'affaiblira pour vous... mon sentiment.

M. DE GOUVIGNAC, *à part.*

Oh! cette femme-là m'aime réellement.

(*haut.*)
Cette aimable franchise ajoute à tous vos charmes...

MADAME BELVAL, *à part.*

Je crois qu'il s'attendrit; c'est le moment des larmes.
(*haut.*)
Mon état vous révolte, et vous est odieux,
Et l'avoir pris me rend bien coupable à vos yeux;
J'eus pour m'y décider un motif respectable,
J'ose le dire... hélas! ici-bas rien n'est stable;
Nous sommes, malgré nous, malgré nos sentiments,
Jouets de la fortune et des événements.
Ah! j'ai beaucoup souffert; ce souvenir pénible
M'arrache encor des pleurs...

M. DE GOUVIGNAC.

O ciel! est-il possible?...
Vous pleurez?... Que n'étais-je alors auprès de vous!...
Que n'ai-je pu du sort vous épargner les coups!...

MADAME BELVAL.

Vous, major, qui venez, par une épreuve dure,
De me blesser dans l'ame et de me faire injure?
Vous ne me voyez plus du même œil qu'autrefois;
À votre estime, au moins, j'aurai toujours des droits...
Partez... soyez heureux... vous m'avez mal jugée.

M. DE GOUVIGNAC.

Ah! par mon repentir vous êtes trop vengée;
C'est l'erreur d'un moment; je veux la réparer;
Par de tendres respects je veux vous honorer,
Rendre dignes de vous mes vœux et mon hommage;
Souffrez qu'à vos genoux...

MADAME BELVAL.

Voilà votre langage!
Oui, vous voilà, major, et je vous reconnais.
Levez-vous.

M. DE GOUVIGNAC.

Dites-moi d'abord que pour jamais
Vous oubliez mes torts, vous m'accordez ma grace.

MADAME BELVAL.

Des torts?... n'en parlons plus; ce retour les efface.

M. DE GOUVIGNAC.

Je reconnais aussi madame de Courmon,...
Mon amie...

MADAME BELVAL.

Ah! laissez; ce n'est plus là mon nom.

M. DE GOUVIGNAC.

Eh! quoi?...

MADAME BELVAL.

Je suis Belval, je suis comédienne;
Je vous le dis encor; que rien ne vous retienne;
Adieu. Séparons-nous.

M. DE GOUVIGNAC.

Cela ne se peut plus.
Vous quitter? j'y ferais des efforts superflus.
Je reste auprès de vous; j'y veux passer ma vie.

MADAME BELVAL.

Non; pour y consentir je suis trop votre amie.
Ce conseil à donner me coûte, croyez-moi.

M. DE GOUVIGNAC.

Quelle sagesse en vous!... et quelle bonne foi!

J'admire en vos discours le plus beau caractère,
La raison, la vertu; je vous aime et révère;
Je vous ai dit, hier, quel était mon dessein;
J'y tiens plus que jamais.

MADAME BELVAL.

Vous! m'offrir votre main,
Major? pour mon état je connais votre haine...

M. DE GOUVIGNAC.

Eh! mais!... en m'épousant vous quitteriez la scène!...
Vous trouveriez, je pense, un dédommagement!...

MADAME BELVAL.

Moi, quitter mon état... et perdre mon talent?
Quelque sort qu'on m'offrît, j'en serais bien fâchée;
Par goût et par honneur j'y suis trop attachée;
À force de travaux quand on s'est fait un nom...

M. DE GOUVIGNAC.

Nous pourrions alors nous y prendre d'autre façon.
Ce nom que vos talents, votre conduite honore,
Vous le conserveriez pour l'illustrer encore:
Soyons ensemble unis par un hymen secret,
Et gardez votre état.

MADAME BELVAL.

Dans ce nouveau projet
J'entrevois des motifs que vous savez me taire.
Croyez-vous que je puisse approuver ce mystère?
Accepter un époux qui rougirait de moi,
Qui craindrait, en public, de m'engager sa foi?...
Tenez, il faut vous dire, en grande confidence,
Un fait des plus secrets... Je sais votre prudence.

M. DE GOUVIGNAC.

Qu'est-ce donc?

MADAME BELVAL.

L'an dernier, quelqu'un s'est proposé
Pour être mon époux; c'était un homme aisé,
Ayant un nom. un rang: il insistait, de même,
Pour me faire quitter le théâtre que j'aime...

M. DE GOUVIGNAC.

Mais lui... vous plaisait-il?

MADAME BELVAL.

J'en faisais un grand cas;
Mais je vous dirai vrai; non, je ne l'aimais pas.

M. DE GOUVIGNAC, *tendrement.*

M'aimez-vous?

MADAME BELVAL, *avec un soupir.*

Ah! laissez; j'en ai trop dit peut-être.
Ce que je sens pour vous je l'ai trop fait connaître;
Mais n'en abusez pas.

M. DE GOUVIGNAC.

Je suis donc décidé.
Par la raison autant que par l'amour guidé...

MADAME BELVAL.

Mon cher major, malgré ce feu qui vous égare,
Un obstacle trop fort, vous et moi, nous sépare...

M. DE GOUVIGNAC.

Non; puisque vous m'aimez, plus d'obstacle entre nous:
Faut-il encor, faut-il vous prier à genoux?
Tout ce que vous voudrez je consens à le faire;
Je sens qu'à mon bonheur vous êtes nécessaire:
De mes vains préjugés l'amour m'a bien guéri;

Je les abjure tous.

MADAME BELVAL.

Eh bien! s'il est ainsi,
D'un si grand changement donnez-moi donc la preuve.

M. DE GOUVIGNAC.

Eh! comment?...

MADAME BELVAL.

Je vous offre une facile épreuve.
Ne vous opposez plus à l'hymen recherché
Par votre cher neveu: vous l'avez empêché;
Vous avez repoussé loin de votre famille
Une personne honnête, une charmante fille.

M. DE GOUVIGNAC.

Pardon; devriez-vous me parler de cela?
Je viens pour prévenir ce mariage-là:
J'ai, par ce motif seul, entrepris mon voyage;
J'ai dit par-tout combien Sainville était peu sage...

SCENE VIII.

LES MÊMES, SAINVILLE.

SAINVILLE.

Mon oncle, je me rends à vos ordres exprès.
Mais quoi! pour le départ je n'ai point vu d'apprêts
Je viens de votre hôtel, où vos gens m'ont dû dire
Que vous étiez sorti, mais sans leur rien prescrire;
Auriez-vous donc changé vos dispositions?

M. DE GOUVIGNAC.

Non pas à ton égard; car mes intentions

Sont toujours qu'au plus tôt tu quittes cette ville

SAINVILLE.

Eh bien ! mon oncle, soit. Je veux être docile.

M. DE GOUVIGNAC.

Est-il vrai ?

SAINVILLE.

Sûrement ; je dois vous obéir.
D'un séjour dangereux je brûle de partir.
La raison sur mon ame a repris son empire.
(*à part.*)
Mon rôle est convenu ; je sais ce qu'il faut dire.

M. DE GOUVIGNAC.

Tu prends le bon parti ; c'est très bien, mon neveu ;
Je t'en fais compliment.

SAINVILLE.

Eh bien ?

M. DE GOUVIGNAC.

Eh bien ! adieu.
Bon voyage. Veux-tu m'embrasser ?

SAINVILLE.

Il me semble
Que votre ordre, mon oncle, est de partir ensemble.
Ne m'avez-vous pas fait, cette nuit, prévenir ?

M. DE GOUVIGNAC.

Oui ; mais je ne pars plus.

SAINVILLE.

Qui peut vous retenir ?

M. DE GOUVIGNAC.

Madame pourrait bien t'en dire quelque chose.

MADAME BELVAL.

Moi ? comment ?

M. DE GOUVIGNAC.

Si je reste, elle seule en est cause.

SAINVILLE.

Quoi ! mon oncle, serait-ce.. ? Ah ! je l'avais prévu.

M. DE GOUVIGNAC.

Enfin à l'épouser tu me vois résolu.

SAINVILLE.

À l'épouser ? eh ! mais cela ne peut pas être.

M. DE GOUVIGNAC.

Tu te moques de moi... Ne suis-je pas le maître?

MADAME BELVAL.

Pour vous en empêcher, il suffit bien, je croi,
De mon état...

M. DE GOUVIGNAC.

Eh ! non...

SAINVILLE, *prenant à part M. de Gouvignac, et lui parlant bas :*

Mon oncle, écoutez-moi ;
Vous faites cent fois pis que je ne voulais faire.

M. DE GOUVIGNAC.

Si je fais pis ou mieux, ce n'est pas ton affaire.

SAINVILLE.

Je veux vous emmener.

M. DE GOUVIGNAC.

Je ne partirai pas.

MADAME BELVAL.

Qu'avez-vous donc, messieurs? vous querellez tout bas?

M. DE GOUVIGNAC.

C'est qu'il perd la raison ; croiriez-vous qu'il me donne
Des conseils contre vous?

MADAME BELVAL.

Oh ! je le lui pardonne.
Vous comptez m'épouser ; votre neveu peut bien
Blâmer votre projet, quand il renonce au sien.

M. DE GOUVIGNAC.

Oh ! ma position n'est point du tout la sienne.

SAINVILLE.

Vous m'avez fait sentir les dangers de la mienne.
Henriette est pourtant charmante, sans détour ;
Vous-même la jugiez digne de mon amour.

M. DE GOUVIGNAC.

Je ne la connais pas.

SAINVILLE.

Pardon, vous l'avez vue.
Cette jeune beauté, douce, aimable, ingénue,
Que vous vîtes hier, qui vous parut si bien,
Dont vous fîtes l'éloge...

M. DE GOUVIGNAC.

Ah ! oui, je m'en souvien.

MADAME BELVAL.

Elle n'est point ma nièce.

M. DE GOUVIGNAC.

En voici bien d'une autre !

MADAME BELVAL.

Mais je voudrais beaucoup qu'elle devînt la vôtre.
Hier, en la voyant, vous formiez ce desir.

M. DE GOUVIGNAC.

Pourvu qu'à m'épouser vous veuilliez consentir...

MADAME BELVAL.

De mes conditions vous savez la première.

M. DE GOUVIGNAC.

Mais Sainville, à présent, pense d'autre manière;
Il veut partir.

SAINVILLE.

Non, non. D'après ce que je voi,
Je change aussi d'avis; votre exemple est ma loi.

MADAME BELVAL.

Sainville avait écrit d'avance une promesse.
Approuvez-la. Signez.

M. DE GOUVIGNAC.

Vous êtes la maîtresse.
Il faut bien se soumettre; et je suis trop heureux
Pour vous rien refuser.

SAINVILLE.

Ah! vous comblez mes vœux.

(*M. de Gouvignac signe la promesse.*)

SCENE IX ET DERNIÈRE.

LES MÊMES, HENRIETTE, DARICOUR.

SAINVILLE, *voyant entrer Henriette et Daricour.*

Henriette, venez; mon oncle, qui vous aime,
Consent à mon bonheur; il le signe lui-même.

HENRIETTE.

Est-il vrai? quoi! monsieur d'avis a donc changé?

M. DE GOUVIGNAC.

Oui, ma très belle enfant; oui, tout est arrangé.
Appelez-moi votre oncle.

HENRIETTE.

Ah! que je vous rends grace,
Mon cher oncle!

M. DE GOUVIGNAC.

Et souffrez qu'ici je vous embrasse.
(*Il embrasse Henriette.*)

MADAME BELVAL.

Cher major, à présent n'allez pas m'en vouloir;
De l'amour j'ai voulu vous montrer le pouvoir;
D'une ruse innocente il faut que je m'accuse.

M. DE GOUVIGNAC.

Qu'est-ce donc?

MADAME BELVAL.

Mon motif me servira d'excuse.

M. DE GOUVIGNAC.

Parlez.

MADAME BELVAL.

De ces enfants je voulais le bonheur,
Et je songeais au vôtre, en travaillant au leur.
Je serai, près de vous, par là justifiée;
Mais vous me croyez libre; et je suis... mariée.

M. DE GOUVIGNAC.

Mariée! est-il vrai?

MADAME BELVAL.

Très mariée, hélas!
(*En montrant Daricour.*)
Monsieur en fut témoin; je ne vous trompe pas;

Il est mon directeur...

M. DE GOUVIGNAC.

Comment? que signifie?...
Monsieur est directeur?...

DARICOUR.

Eh oui! de comédie.
Par mes soins, à Bordeaux le théâtre va bien.
L'emploi des financiers dans la troupe est le mien.
Mon nôm est Daricour. Agréez mon hommage.

M. DE GOUVIGNAC.

J'ai fait, sans le savoir, un joli personnage!

MADAME BELVAL.

Celui d'un amoureux; et je me suis permis
D'employer mon talent à servir mes amis.
D'intérêt personnel ma conduite est exempte.
Je vous donne, major, une nièce charmante,
Qui de votre château fera bien les honneurs,
Embellira vos jours, les sèmera de fleurs.
Au défaut de l'amour, que l'amitié nous lie;
Elle a des plaisirs vrais, sans trouble et sans folie;
Voilà le sentiment qui convient entre nous;
Plus pur, il en sera plus durable et plus doux.

M. DE GOUVIGNAC.

Le tour est un peu fort!... le meilleur est d'en rire;
Au beau titre d'ami puisqu'il faut me réduire,
J'y souscris; mais croyez qu'avec empressement,
L'ami, quand vous voudrez, redeviendra l'amant.

FIN.

VARIANTES
DU TROISIÈME ACTE.

(1) SCÈNE II, PAGE 63.

Je suis femme d'abord, et puis comédienne :
Donner à ce qu'on dit un air de vérité,
Prendre et quitter un masque avec facilité,
N'est-ce pas là notre art et notre unique étude ?
Se contrefaire?... eh! mais, chez nous, c'est habitude.
Il m'aime ; je suis loin d'en vouloir abuser, etc...

QUELQUES SCÈNES
IMPROMPTU,
OU
LA MATINÉE DU JOUR DE L'AN,
PROLOGUE.

QUELQUES SCÈNES IMPROMPTU,

OU

LA MATINÉE DU JOUR DE L'AN,

PROLOGUE

POUR L'OUVERTURE
DU THÉATRE ROYAL DE L'ODÉON,
SOUS LA DIRECTION DE M. PICARD.

Représenté, pour la première fois, sur le Théâtre Royal de l'Odéon, le 1er janvier 1816.

A PARIS,
CHEZ A. NEPVEU, LIBRAIRE.
PASSAGE DES PANORAMAS, N° 26.
1816.

PERSONNAGES.	ACTEURS.
LE DIRECTEUR DU THÉATRE.	M. Perroud.
DERCOUR, ancien Comédien.	M. Chazel.
UN VALET.	M. Frogères.
UNE JEUNE PERSONNE.	Mlle Adeline.
UNE SOUBRETTE.	Mme Milen.

M. ARMAND.
M. CLOZEL.
Mlle DÉLIA.
TOUS LES ACTEURS ET ACTRICES DU THÉATRE ROYAL DE L'ODÉON.

La Scène est sur le Théâtre.

QUELQUES SCÈNES IMPROMPTU,

OU

LA MATINÉE DU JOUR DE L'AN,

PROLOGUE.

SCÈNE PREMIÈRE.

LE DIRECTEUR, *seul.*

Au théâtre je viens passer ma matinée,
Et c'est pour m'y réfugier,
Pour échapper à la foule acharnée
Des souhaiteurs de bonne année.
Que c'est un cruel jour que le premier janvier!
C'est qu'il est ruineux!... en cadeaux, en étrennes
En bonbons, dont il faut avoir les poches pleines,
Cela ne finit pas!... On vous fait essuyer
Un tas de compliments et de paroles vaines.
Tel vous serre la main, et vous jure amitié,
Par qui l'instant d'après vous êtes oublié.
J'ai grand besoin pourtant qu'à moi l'on s'intéresse
Qu'on prenne un peu de part à mon fâcheux état;
J'ai pris un lourd fardeau; vraiment, je le confesse:

Directeur de théâtre!... oh! quelle hardiesse!
Je connais le métier; il est pénible, ingrat!
Ah! que je voudrais être à la fin de décembre,
Ou même à l'an prochain, en octobre, ou novembre,
Pour savoir quel sera le succès qui m'attend!
S'il suffisait du zèle et du travail constant!
Le public à nos vœux daignera-t-il sourire?
Oui; nous l'aurons pour nous: tout me le garantit!
Je suppose qu'il m'entendît;
Voici ce que j'aurais, ce me semble, à lui dire:
Protégez nos efforts; vos bienveillants regards
Font naître les talents, encouragent les arts;
À nos succès, qui de vous vont dépendre,
Vous-même êtes intéressés:
À vous bien divertir nous serons empressés;
Soyez-le, chaque jour, à venir nous entendre.
Des Grandval, des Molé, des Préville, autrefois
Le faubourg Saint-Germain connaissait bien la voix.
Thalie, aujourd'hui, recommence
En ces lieux un destin nouveau;
Elle revient à son berceau;
Protégez sa seconde enfance.

SCÈNE II.

LE DIRECTEUR, DERCOUR.

DERCOUR, *en entrant, à la cantonnade.*
Laissez donc. De me voir il sera bien content.

LE DIRECTEUR, *le voyant entrer.*
Allons, on ne peut pas être libre un instant.
Quand je me fâcherai, c'est une chose faite.

DERCOUR.

Mon ami, je vous la souhaite.

(*Il l'embrasse.*)

On m'a bien dit chez vous que vous étiez sorti;
Mais je me suis douté que vous seriez ici,
Et je vous trouve... Allons, encore une embrassade.

(*Il l'embrasse encore.*)

LE DIRECTEUR.

Monsieur, assurément...

(*à part.*)

Quel contre-temps maussade!

DERCOUR.

Eh bien! mon cher ami, comment nous portons-nous?

LE DIRECTEUR.

Eh bien! mon cher ami, comment vous nommez-vous?

DERCOUR.

Vous ne remettez pas un ancien camarade...
Dercour?

LE DIRECTEUR.

C'est vous? Eh! oui! je me souviens, je croi...
C'est de long-temps.

DERCOUR.

Depuis vingt ans, ma foi,
Nous ne nous sommes vus; mais, dans notre jeune âge,
Nous étions bons amis...

LE DIRECTEUR.

Il est vrai.

DERCOUR.

Tous les deux
Nous aimions le théâtre... Oh! j'en avais la rage!...
Devant des spectateurs complaisants, peu nombreux,

En costume modeste, en fort mince équipage,
Nous jouions le tragique en un troisième étage.

LE DIRECTEUR.

Vraiment oui! nous avions des talents merveilleux.

DERCOUR.

Nous n'étions pas mauvais.

LE DIRECTEUR.

Dites-moi, je vous prie,
N'avez-vous pas depuis joué la comédie?

DERCOUR.

Oui, c'est le parti que j'ai pris:
À cet art, que j'aimais, j'ai consacré ma vie.
Je n'ai jamais voulu débuter à Paris.
Ma réputation n'est pas moins établie.
J'ai couru la province, et même l'étranger;
Trois ans en Allemagne, et dix ans en Russie.
Mais je suis de retour pour ne plus voyager;
Car j'aime mon pays, et souvent je m'écrie:
Plus je vis l'étranger, plus j'aimai ma patrie.

LE DIRECTEUR.

Vous savez vos auteurs.

DERCOUR.

Ah! parbleu!

LE DIRECTEUR.

J'entrevoi,
Mon cher Dercour, je le parie,
Quel sujet aujourd'hui t'amène près de moi.
Je reprends l'ancien style.

DERCOUR.

Eh bien! oui, disons: *Toi*,
Comme dans les beaux jours que ce ton nous rappelle.

Ta franchise me charme, et j'en suis tout ému.

LE DIRECTEUR.

Eh! mon ami, la chose est toute naturelle.
Jusqu'à moi ton renom était déja venu;
Tes talents se sont fait connaître.
Aujourd'hui que desires-tu?
Avec nous tu voudrais te rengager peut-être?

DERCOUR.

Avec toi? Non, vraiment, et tu te trompes fort.

LE DIRECTEUR.

Que veux-tu dire?

DERCOUR.

Non; je sais que j'aurais tort.
Je viens te voir, mon cher, par amitié, par zèle,
Et rien de personnel à cela ne se mêle.

LE DIRECTEUR.

Je te suis obligé.

DERCOUR.

Je viens pour t'avertir.
Ta situation, mon ami, me désole;
Car je vois que tu fais une entreprise folle,
Et que tu n'y peux réussir.
S'il en est encor temps, retire ta parole;
Dégage-toi bien vite, et laisse tout cela.
Je te parle en ami qui s'y connaît..,

LE DIRECTEUR.

Holà!
Tu prends bien ton moment... Quelle est donc cette rage
De venir, sans savoir, ainsi mal augurer?
Au reste, bien des gens m'ont tenu ce langage.
On me tourmente, on cherche à me désespérer,

Quand j'aurais besoin de courage.

DERCOUR.

Du calme, mon ami, du sang froid ; mais convien
Seulement, avec moi, que tu n'as rien, mais rien
Qui ne soit contre toi ; la chose est trop certaine,
Et vraiment cela me fait peine.

LE DIRECTEUR.

Je veux te convertir.

DERCOUR.

Toi ! mais par quel moyen ?

LE DIRECTEUR.

Je n'ai rien ? Ce n'est rien d'abord que cette salle
Où, d'une façon libérale,
Un corps illustre dans l'état
Permet qu'aujourd'hui je m'installe.
Sa générosité ne fait point un ingrat.
Animés d'une ardeur égale,
Mes camarades vont répondre à ses bienfaits,
Et nous acquitterons le loyer en succès.

DERCOUR.

C'est fort bien fait de reconnaître...
Mais la salle pour vous est trop grande...

LE DIRECTEUR.

Oui, peut-être
Peut-être aussi trop belle ; et nos faibles talents
Avec désavantage y pourront bien paraître,
Comme un tableau qui n'est pas d'un bon maître
Redoute avec raison les cadres trop brillants.
Mais le travail amène enfin la réussite.
Cette salle est trop grande à présent : par la suite,

Pour des spectateurs bienveillants,
Si chez nous, chaque soir, le plaisir les invite,
Nous pourrons, que sait-on? la rendre trop petite;
Nous l'espérons du moins.

DERCOUR.

Eh! mais, mon pauvre ami,
Cette salle si belle est dans ce quartier-ci...
Le faubourg Saint-Germain...

LE DIRECTEUR.

Voilà ce qu'on répète,
Et cette objection m'a vingt fois été faite.
Le faubourg Saint-Germain est-il donc un désert?
N'est-ce pas une ville entière?
Une très grande ville? Et ce spectacle offert
Dans ce même quartier où commença Molière
Par tous ses habitants sera-t-il rebuté?
Sur cette rive de la Seine
Ce spectacle est le seul: nous avons pour domaine
La plus belle moitié de la grande cité.

DERCOUR.

Oh! la plus belle!

LE DIRECTEUR.

Et la plus favorable
Pour notre art. Songe un peu comment est habité
Ce faubourg qui pour nous te paraît redoutable.
De l'étude et des arts c'est l'asile honorable;
J'y trouve l'Institut et l'Université,
Et plus d'une école fameuse
Où court une jeunesse ardente et studieuse.
C'est ici le pays latin

Paris a son Parnasse au faubourg Saint-Germain.

DERCOUR.

Oh! je suis du quartier; je demeure à la porte...

LE DIRECTEUR.

À des spectateurs de la sorte
Nous desirons d'offrir nos modestes essais.
Nous trouverons chez eux un goût sévère et sage,
Et l'indulgence aussi, qui double le courage;
L'amour de la gaîté, ce besoin des Français.
Nous tâcherons de faire rire...

DERCOUR.

Ah! c'est où je t'attends. Permets-moi de te dire
Que tu n'as pas encor de pièces ni d'auteurs.

LE DIRECTEUR.

Oh! tiens, pour des auteurs ne te mets pas en peine:
L'espèce en est commune, et la ville en est pleine;
Et, sans aller bien loin...

DERCOUR.

De plus, en fait d'acteurs,
Il te manque...

LE DIRECTEUR.

Eh! mon Dieu! quelle rage est la tienne!
Dis bien ce qui me manque!... Eh! parbleu, je le sai:
Mais, toi, tu ne sais pas, mon ami, ce que j'ai.

DERCOUR.

Oh! si fait. Le théâtre est dans mon voisinage,
Et j'y suis venu quelquefois...
J'estime les talents, et plusieurs que je vois
Dans ta société, méritent mon suffrage:
Mais il faudrait encore...

LE DIRECTEUR.

Il faudrait!... il faudrait!
Nous aurons ce qu'il faut. Tu seras satisfait,
Si tu n'es pas trop difficile.
(*à part.*)
Mon pauvre ami Dercour veut faire l'homme habile;
Mais je veux lui prouver... Bon! excellent moyen!
Armand vient à propos...

SCÈNE III.

LES MÊMES, M. ARMAND.

M. ARMAND.

En ce beau jour, je vien
Pour vous la souhaiter...

LE DIRECTEUR, *l'interrompant.*

C'est bon, François.

M. ARMAND.

Qu'entends-je?

LE DIRECTEUR.

Oui, François, écoute-moi bien,
Et ne va pas prendre le change.
(*à Dercour.*)
Tu permets, mon ami? J'ai quelque ordre à donner
À notre garçon de théâtre.

DERCOUR.

Oh! je ne veux pas te gêner.

LE DIRECTEUR, *à voix basse, à M. Armand.*

Mon cher Armand, cet homme est un opiniâtre,

Prévenu contre nous, prophétisant malheur,
Et qu'il faut corriger.

M. ARMAND, *de même.*

Eh bien! cher Directeur,
Quel ordre pour cela prétends-tu que je suive?

LE DIRECTEUR.

Je veux lui faire voir nos trois acteurs nouveaux,
Sans qu'il s'en doute... Ainsi que chacun d'eux arrive
Sous un nom emprunté : cherchez quelque à-propos;
Mettez en mouvement votre imaginative.

M. ARMAND.

Des scènes impromptu! Ce ne sont pas des sots;
Cela va s'arranger.

LE DIRECTEUR.

Écoute, encor deux mots.

(*Il lui parle à l'oreille, et l'on entend seulement :*)

Il s'appelle Dercour.

M. ARMAND.

Il suffit; je m'esquive.

DERCOUR.

Ce garçon de théâtre a la mine naïve.

M. ARMAND, *revenant sur ses pas.*

Monsieur parle de moi.

DERCOUR.

Je l'ai vu quelque part.

M. ARMAND.

Moi, je connais monsieur.

DERCOUR.

Comment?... Par quel hasard?

M. ARMAND.

Au Luxembourg monsieur va souvent se distraire.

DERCOUR.

Oh! oui!

M.. ARMAND.

Ma femme y tient cabinet littéraire
En plein vent.

LE DIRECTEUR.

Allons donc; t'en iras-tu, bavard?

M. ARMAND.

Eh! ne vous fâchez pas, monsieur. Pardine! on cause.

LE DIRECTEUR.

Oui; mais, dans ce moment, tu dois faire autre chose.
Va donc, François.

M. ARMAND.

Je vais. Adieu, monsieur Dercour

SCÈNE IV.

DERCOUR, LE DIRECTEUR.

DERCOUR.

Comment sait-il mon nom?

LE DIRECTEUR.

Il l'aura, je suppose,
Entendu dire au Luxembourg.

DERCOUR.

Pour revenir à notre thèse,
Je te vois, mon ami, coiffé de ton projet.
Je suis enchanté qu'il te plaise;
Mais tu ne m'as rien dit de l'article intérêt.
Tu parles de beaux arts, et de littérature,
De gloire, de succès; tout cela ne promet

Rien de solide, et chacun sait
Qu'il faut pour exister une autre nourriture.
Hélas! c'est un fait affligeant,
Mais aussi c'est un fait notoire,
Que le quartier des arts et de la gloire
N'est jamais, mon ami, le quartier de l'argent.

LE DIRECTEUR.

Tout cela vient ensemble ; et, sans m'en faire accroire...

SCÈNE V.

LES MÊMES, UN VALET.

LE VALET, *s'adressant à Dercour.*

Monsieur le directeur de l'Odéon?

LE DIRECTEUR.

C'est moi.

LE VALET.

Je vous fais bien ma révérence ;
Fort enchanté de faire avec vous connaissance.

LE DIRECTEUR.

Puis-je vous demander pourquoi
Vous venez me trouver?

LE VALET.

Quand janvier recommence,
De sa loge chacun renouvelle le bail,
Ou tel qui n'en a point s'abonne :
Chez mon maître je suis chargé de ce détail.
Je sers un magistrat, respectable personne ;
Son hôtel est dans ce faubourg ;
Il m'a dit, ce matin : Dubourg,

Vous passerez, dans la journée,
Au théâtre de l'Odéon
(Car de monsieur je suis le factoton);
Vous saurez ce qu'on paye une loge à l'année;
Je veux à mes enfants faire ce cadeau-là.
En conséquence me voilà,
Et l'affaire en deux mots peut être terminée.

LE DIRECTEUR, *à Dercour.*

Tu vois que l'argent vient.

DERCOUR.

Allons, tant mieux.

LE DIRECTEUR, *au Valet.*

Monsieur,
Ce digne magistrat nous fait bien de l'honneur.
Le prix, que chacun peut connaître,
Est de deux mille francs.

LE VALET.

C'est le prix pour mon maître;
Mais, à présent, pour moi... là... parlez net...

LE DIRECTEUR.

Comment?

LE VALET.

À la tête d'une entreprise,
Vous devez bien savoir, sans que je vous le dise,
Comme on entre en arrangement.
Ne me ferez-vous pas la petite remise
Pour mon compte?

LE DIRECTEUR.

Eh! mais! non, vraiment.

LE VALET.

Combien me donnez-vous? cinq cents francs? au moins quatre?..

Pour mon droit de commission?

LE DIRECTEUR.

Sur la somme fixée il n'est rien à rabattre.

LE VALET.

Cela se fait pourtant. Si votre intention
Est de ne rien ôter pour moi de cette somme,
Augmentons pour mon maître.. Hein.. n'est-ce pas, brave homme
Monsieur paîra fort bien sa loge mille écus:
C'est mille francs pour moi. Répondez là-dessus;
Car il faut bien que j'aye un petit bénéfice.

DERCOUR, *à part.*

Il ne se gêne pas; c'est un grand impudent.

LE VALET.

Oh! si jamais, un jour, je deviens intendant,
Je pourrai faire mieux. Je ne suis qu'un novice.
J'espère moissonner; je glane en attendant.

LE DIRECTEUR.

Je ne saurais, monsieur, vous rendre ce service.

LE VALET.

Vous êtes bien de l'ancien temps.
J'ajoute encor deux mots; mais ils sont importants.
Oui, je veux vous donner un conseil salutaire.
Des pièces de théâtre ôtez-moi, pour bien faire,
Ces valets scandaleux, ces Crispins, ces Frontins,
Tous fort mauvais sujets, ivrognes, libertins,
Très malhonnêtes gens... Ces coquins-là font rire!...
La morale, monsieur, doit les faire proscrire;
La morale!... ah!... le cœur!... ah!... c'est là ce qu'il faut;
Le rire en comédie est un très grand défaut.
Prenez-moi *le bon ton*, soit en vers, soit en prose;
Donnez-nous des valets musqués, couleur de rose,

Froids et spirituels, pleins de petits bons mots
Qui ne fassent point rire... Ah! voilà mes héros!
Jamais, en les voyant paraître sur la scène,
Monsieur ne peut songer un instant à Dubourg:
Mais, s'il voit des fripons, je craindrais, quelque jour,
Malgré ma probité constante et bien certaine,
Qu'en rentrant du spectacle il ne vînt à penser
Que Dubourg est Frontin, et qu'il faut le chasser.
Ma place est lucrative, et me plaît; je la garde.

LE DIRECTEUR.

Vous la remplissez bien: ainsi nous prendrons garde...

LE VALET.

De plus, vous n'allez pas, monsieur, me refuser
Des billets de spectacle?...

LE DIRECTEUR.

Oh! cela!...

LE VALET.

Pour ma fille,
Pour ma femme et sa sœur. Nous viendrons en famille.
J'ose librement en user.

LE DIRECTEUR.

Vous faites bien: voici pour ce soir une loge
Du cintre...

LE VALET.

Je vais faire en tous lieux votre éloge.
Et puis j'ai des amis... je vous les enverrai...
Ou plutôt avec moi je les amènerai...
Vous me donnerez bien des billets de parterre,
N'est-ce pas?...

LE DIRECTEUR.

Quelquefois.

LE VALET.

Tenez, il faut cela.
Aux auteurs, aux acteurs, on fait souvent la guerre :
Il faut les soutenir. Ces petits moyens-là
Ne laissent pas d'aider... ne font mal à personne.
Mais je vais au bureau... car c'est là qu'on s'abonne.
J'ai dû vous voir d'abord.

LE DIRECTEUR.

Vous m'avez fait plaisir.

LE VALET.

Puisse votre entreprise aussi bien réussir
Que mon cœur le souhaite! Oui, j'aurais grande envie
D'entendre incessamment le public applaudir!
Souvenez-vous de moi... Dubourg, pour vous servir,
Qui s'intéresse à vous, et qui vous remercie.

Il sort.)

SCÈNE VI.

DERCOUR, LE DIRECTEUR.

DERCOUR.

Il est, plus qu'il ne croit, valet de comédie...

LE DIRECTEUR.

Je crois qu'il en jouerait les rôles au besoin.

DERCOUR.

Oui, ma foi, s'il voulait...

SCÈNE VII.

LES MÊMES, UNE JEUNE PERSONNE.

LA JEUNE PERSONNE *entre en regardant de tous côtés, et dit à part:*

Il ne peut être loin!...

DERCOUR, *au Directeur.*

Regarde donc; quelle est cette jeune personne?

LE DIRECTEUR, *à part.*

Bon! c'est ce que j'attends.

(*à Dercour.*)

Je ne sais... je soupçonne...

LA JEUNE PERSONNE.

Je cherche ici quelqu'un.

DERCOUR.

Qui donc?

LA JEUNE PERSONNE.

Ce n'est pas vous,

Soyez-en sûr.

LE DIRECTEUR.

C'est moi peut-être?

LA JEUNE PERSONNE.

Ni vous non plus. Sans doute il n'a pas été maître
De venir me trouver...

LE DIRECTEUR.

Ah! c'est un rendez-vous!...

LA JEUNE PERSONNE.

Eh! mais! vous pouvez le connaître;
C'est mon petit cousin.

LE DIRECTEUR.

J'entends.

(*à Dercour.*)

Dans nos foyers je crois que je l'ai déja vue:
Sa visite regarde un de nos jeunes gens.

DERCOUR.

Elle paraît bien ingénue;
Elle est bien, mon ami, mais très bien.

LE DIRECTEUR.

Trouves-tu?

(*à la jeune Personne.*)

Votre petit cousin n'est pas encor venu;
Il ne saurait tarder, à ce que j'imagine.
Si vous voulez l'attendre...

LA JEUNE PERSONNE.

Il le faut bien, hélas!
Mais je vous avouerai que cela me chagrine.

DERCOUR.

Le cousin a grand tort, je ne le cache pas,
De faire attendre ainsi son aimable cousine.

LA JEUNE PERSONNE.

Monsieur n'est-il pas un auteur?

LE DIRECTEUR.

C'est un homme d'esprit.

LA JEUNE PERSONNE.

On le voit à sa mine.

DERCOUR.

Oui, si cela vous plaît, mon enfant, de bon cœur,
Je suis auteur... Voyons ce qu'elle veut nous dire.

LA JEUNE PERSONNE.

Ah! je crains de vous faire rire;

Mais j'aurais une idée à vous communiquer.

DERCOUR.

Eh bien! voyons donc cette idée.
Elle sera fort bonne : il faut nous l'expliquer.

LA JEUNE PERSONNE.

Par la nature seule, hélas! je suis guidée.
Moi, je n'ai point d'esprit; j'en conviens franchement.

DERCOUR.

C'est avoir trop de modestie;
Et votre physionomie
Dit le contraire, et vous dément.

LA JEUNE PERSONNE.

Pour la première comédie
Que vous ferez, je veux, si vous le permettez,
Vous donner une scène attachante... Écoutez.

DERCOUR.

Je vous promets d'en faire usage,
Si je donne jamais au théâtre un ouvrage.
(*au Directeur.*)
Elle me divertit.

LE DIRECTEUR.

Je le vois, cher Dercour.

DERCOUR.

Oui, vous m'intéressez, on ne peut davantage.

LA JEUNE PERSONNE.

Ce serait une scène... une scène... d'amour.
J'aimerais au théâtre à la voir reproduire.
En la jouant moi-même l'autre jour,
Elle me plut beaucoup...

DERCOUR.

Eh bien! daignez m'instruire :

Nous pourrons l'ajuster au théâtre.

LA JEUNE PERSONNE.

Oh! vraiment!

Ce n'est rien dans le fond... Mais je la crois touchante,
Et naturelle assurément;
Car, entre mon cousin et moi, dernièrement,
Cette scène, le soir, se passa chez ma tante.
Nous étions tous deux seuls: assis à mon côté,
Il me lisait des vers charmants, en vérité!
Je l'écoutais de toutes mes oreilles.
Ils étaient de Parny, ces vers délicieux,
Si pleins de sentiment! si doux! si gracieux!
J'avais tant de plaisir! c'est qu'il lit à merveilles!
Chaque mot de sa bouche allait jusqu'à mon cœur.
Tout-à-coup, au milieu d'un passage bien tendre,
Je ne sais pas pourquoi, la voix manque au lecteur;
De verser quelques pleurs il ne peut se défendre:
Il me parlait des yeux; les miens lui répondaient;
Doucement dans ses mains mes mains furent pressées,
Et nous sentions tous deux que nos cœurs s'entendaient.
Nous restâmes long-temps livrés à nos pensées,
Et nous taisant toujours... Quel silence rendrait
Tout ce qu'un tel silence exprime!

DERCOUR.

En amour, à ce qu'il paraît,
Vous préférez la pantomime.

LA JEUNE PERSONNE.

J'aime la vérité: faut-il qu'aux amoureux
Qu'on produit sur la scène on ait pris pour système
De prêter un jargon ou fade ou précieux?
Ah! si jamais, au lieu de son désordre extrême,
Au lieu de ses regards que j'ai bien entendus.

Mon cousin dit, comme eux, galamment: Je vous aime
Je penserai qu'il ne m'aimera plus.

DERCOUR.

Ah! sa naïveté m'enchante.
Il est heureux, votre petit cousin!
Mais nous conterez-vous la fin
De cette scène si touchante?

LA JEUNE PERSONNE.

Oh! la voici; c'est que ma tante
Rentra, ne s'aperçut de rien,
Et nous remîmes l'entretien
Sur une chose indifférente.

LE DIRECTEUR.

Ma belle enfant, c'est fort bien:
Mais, pour moi, je vous conseille
De ne pas jouer souvent
Avec votre cousin une scène pareille;
Car j'en craindrais un peu pour vous le dénouement.
Au reste, vous l'avez racontée à merveille...

LA JEUNE PERSONNE, *tournant la tête vers la coulisse.*

Ah! c'est lui que je vois. Recevez mes adieux,
Et tous deux n'allez pas trahir ma confidence;
Pour obtenir de vous un peu de bienveillance,
Messieurs, croyez sur-tout que j'ai fait de mon mieux

(*Elle sort.*)

SCÈNE VIII.

DERCOUR, LE DIRECTEUR.

DERCOUR.

L'aimable enfant! quel ton, et quel air d'innocence!
Tu devrais l'enrôler dans ta société:

Elle jouerait fort bien une ingénuité.
En parlant du cousin comme elle était émue!

LE DIRECTEUR.

Oui; mais, si cela continue,
La pauvre enfant, en vérité,
N'a pas long-temps encore à rester ingénue.

SCÈNE IX.

DERCOUR, LE DIRECTEUR, UNE SOUBRETTE.

LA SOUBRETTE.

C'est à monsieur Dercour que je voudrais parler.

DERCOUR.

Ah! quelle est celle-ci?

LE DIRECTEUR.

Je ne sais.

(*à part.*)

Bien: c'est elle.

DERCOUR.

C'est moi qui suis Dercour; que veut mademoiselle?

LA SOUBRETTE.

Monsieur, j'ai bien l'honneur... Je dois un peu trembler:
La chose est assez naturelle;
Car, lorsqu'on vient se présenter,
On craint... Chez vous d'abord j'ai pris soin de monter.
J'ai voulu commencer par parler à madame.

DERCOUR.

Eh bien! que vous a dit ma femme?

LA SOUBRETTE.

Elle était hors de la maison,

Et je ne l'ai pas vue. Il lui manque, dit-on,
Une femme de chambre; et, si pour cette place
Je pouvais convenir...

DERCOUR.

Ah! ah! j'entends... Mais, non;
Ma femme n'a besoin de personne... Qui donc
Vous a fait cette histoire?

LE DIRECTEUR.

On bavarde, on tracasse;
Quelques gazettes du quartier...

LA SOUBRETTE, *à Dercour.*

Si cela ne doit pas encor se publier,
Je suis on ne peut plus discrète;
Monsieur peut à moi se fier.

DERCOUR.

Eh! non! il n'en est rien, et je vous le répète.

LA SOUBRETTE.

Regardez-moi, monsieur; et, si je vous convien
Pour la figure et le maintien...

DERCOUR.

Vous êtes jolie et bien faite;
Mais vous ne seriez pas ce qu'il faudrait chez moi

LA SOUBRETTE.

Pourquoi cela, monsieur?

DERCOUR.

Pourquoi?
Je connais un peu mon épouse;
Elle ne prend jamais, pour elle et ses enfants,
Une femme qui n'ait par delà quarante ans.

LE DIRECTEUR.

Oui!... madame Dercour est donc un peu jalouse,

Et toi galant parfois?...

DERCOUR.

Eh! mais! par-ci, par-là:
On n'a pas renoncé tout-à-fait à cela.
Or, pour plaire à ma femme, il faudrait me déplaire.
Eh! mais!... attendez donc: oui, depuis quelque temps,
De la bonne de ses enfants
Je crois qu'elle veut se défaire,
Et qu'elle en cherche une autre... Elle m'en a parlé.

LA SOUBRETTE.

Eh bien! monsieur, voilà justement mon affaire.

DERCOUR.

Qui? vous? avec cet air élégant, éveillé,
Gouvernante d'enfants?... Rien que votre parure...

LA SOUBRETTE.

Je suis ce qu'il vous faut, monsieur, je vous assure.
Vos demoiselles sont grandes?

DERCOUR.

Douze à quinze ans.

LA SOUBRETTE.

Ce ne sont plus là des enfants.
On m'a dit qu'elles sont belles comme des anges,
Et qu'elles vous ressemblent fort.

DERCOUR.

On le dit pour me plaire, et j'en tombe d'accord.

LA SOUBRETTE.

Je suis loin de vouloir me donner des louanges:
Mais, quand on a reçu de l'éducation,
Et qu'on possède un fonds d'instruction,
On peut se présenter avec quelque avantage.

DERCOUR.

Vous sauriez les former aux détails du ménage?

LA SOUBRETTE.

Assurément, monsieur, à chanter, à danser,
À broder quelquefois, à parler sans penser,
À se donner des airs de langueur, de folie,
Pour faire voir qu'on est jolie.
Je puis aussi leur enseigner
À débiter des vers et de la comédie,
Ce qui n'est point à dédaigner;
Quelque peu de dessin, et même de musique;
À causer joliment modes et politique,
À se montrer par-tout, à paraître, à briller,
À dépenser beaucoup, à médire, à railler:
N'est-ce pas là, monsieur, à-peu-près la méthode
Que suivent aujourd'hui nos dames à la mode?

DERCOUR.

Vos talents sont pour nous beaucoup trop élevés.
Si ce sont là tous ceux que vous avez...

LA SOUBRETTE.

Ah! j'en oubliais un d'une grande importance;
Je sais fort bien tirer les cartes.

DERCOUR.

En ce cas,
Vous n'avez pas besoin, je pense,
De chercher une place. Eh! ne trouvez-vous pas
Dans votre art merveilleux une ressource utile?

LA SOUBRETTE.

Sans vanité, monsieur, j'y suis assez habile;
Je sais de l'avenir percer l'obscurité:

Mais j'ai, pour mon malheur, trop de sincérité.
On vient nous consulter, pour avoir l'assurance
Des projets qu'en soi-même on a formés d'avance.
L'avare, le joueur, demandent des trésors;
L'ambitieux veut voir couronner ses efforts;
L'auteur croit de son nom remplir la France entière;
Le jeune homme poursuit une riche héritière;
La vieille s'est promis d'avoir un jeune époux;
Tel mari de son sort cherche la triste preuve;
Sa femme veut savoir quand elle sera veuve...
Il faut les flatter tous: mais moi, monsieur, mais moi,
Qui de ne point mentir me suis fait une loi,
Je n'ai dans le métier gagné que de la gloire.

DERCOUR.

Eh bien! nous voici deux disposés à vous croire.
Nous parler franchement, c'est nous faire plaisir.
Consultez pour nous le grimoire.
Sur un fait qui nous touche il faut nous éclairer.
Aujourd'hui mon ami commence une carrière...

LA SOUBRETTE.

Oui, je sais ce que c'est.

DERCOUR.

Or de quelle manière
Doit tourner son projet? qu'en peut-on augurer?
Doit-il s'en repentir? doit-il y prospérer?
Répondez là-dessus, madame la sorcière.

LA SOUBRETTE.

Savez-vous bien, monsieur, ce que vous demandez?
Les diables, qui me sont la plupart affidés,
Me font voir, chaque jour, l'avenir sans nuage.

Je puis, sans me flatter, en termes clairs et nets,
Annoncer une mort, promettre un héritage,
D'un divorce fâcheux dévoiler le présage,
Deviner les revers, et prévoir les succès
En fait de jeu, d'amour, et même de procès;
Mais, des fortunes du théâtre
Jamais, jamais d'avance on ne peut rien savoir.
Le diable qui s'en mêle est un diable fort noir,
Taciturne, jaloux, quinteux, opiniâtre:
En vain on l'interroge, et toujours sur ce point
Il fait la sourde oreille, et ne vous répond point.

DERCOUR, *au Directeur.*

Elle a bien le babil d'une devineresse.

LA SOUBRETTE.

Mais, monsieur, en définitif,
M'arrêtez-vous, ou non?

DERCOUR.

Nous verrons; rien ne presse.

LA SOUBRETTE.

Le refus n'a rien qui me blesse,
Et j'en devine le motif.
Je comprends aisément que monsieur craint madame;
Je ne l'en blâme pas: il faut avoir la paix.
Je prends donc mon parti sans rien dire; et je vais,
Souhaitant à monsieur plus de force dans l'ame,
Tâcher, pour me placer, de trouver aujourd'hui
La maison d'un mari qui soit maître chez lui.

(*Elle sort.*)

SCÈNE X.

LE DIRECTEUR, DERCOUR.

LE DIRECTEUR.

Elle te lâche une épigramme
En s'en allant.

DERCOUR.

Je le vois bien.
Elle est leste et fort décidée.

LE DIRECTEUR.

Elle m'a fait venir une plaisante idée;
Il ne s'en est fallu de rien
Que je ne proposasse à la belle indiscrète
D'essayer de jouer des rôles de soubrette.

DERCOUR.

Il faudrait qu'elle apprît l'emploi.
Elle en a bien l'allure et le ton, sur ma foi.

LE DIRECTEUR.

Tu vois que des acteurs ne sont pas introuvables.

DERCOUR.

Oh! le talent n'est pas commun.

LE DIRECTEUR.

Mais on peut réunir quelques sujets capables.
Tu m'as parlé d'auteurs... Eh bien! j'en attends un
À dîner aujourd'hui... Si tu veux, sois des nôtres,
Et tu m'en diras ton avis.

DERCOUR.

Bon! tu vas me lancer parmi les beaux esprits?
J'irai.

LE DIRECTEUR.

Je t'en ferai connaître plusieurs autres,
Qui sont aussi de mes amis.

DERCOUR.

À leur égard je vois le plan que tu veux suivre :
À ton théâtre ainsi tu dois les attirer.

LE DIRECTEUR.

Mon cher, les Muses nous font vivre ;
C'est à nous de les honorer.

DERCOUR.

Mais quel genre allez-vous adopter, je te prie?
Car on a fait courir des bruits...
Vous jouerez, a-t-on dit, opéra, tragédie,
Et mélodrame, et parodie,
Vaudeville...

LE DIRECTEUR.

Quelle folie!
Ces gens-là sont bien mal instruits.
Nous comptons nous borner, et c'est assez, sans doute,
Au bon genre, au comique vrai,
Qui satisfait l'esprit, et que la raison goûte :
Nous allons commencer par en faire un essai.
Quand nous entrons dans la carrière,
Nous arborons pour étendard
Le nom du grand maître de l'art,
Et notre mot d'ordre est : *Molière*.
Il pare notre affiche ; et nous jouons, ce soir,
Le Dépit amoureux. Il faut venir le voir.

DERCOUR.

Je n'y manquerai pas. Tu t'y prends de manière...
On te connaît du zèle et de l'activité...

LE DIRECTEUR.

Ici chacun est plein de bonne volonté.

DERCOUR.

Tu pourras réussir; je commence à le croire.

LE DIRECTEUR.

Vraiment! c'est remporter une grande victoire
Que de te faire ainsi changer d'avis!

DERCOUR.

Mais qu'est-ce que j'entends?

LE DIRECTEUR.

Ce sont tous nos amis.
Oh! quel air de cérémonie?
Que diantre veulent-ils?

SCÈNE XI ET DERNIÈRE.

LES PRÉCÉDENTS, TOUS LES ACTEURS ET ACTRICES, *ayant* M. CLOZEL *et* MADEMOISELLE DÉLIA *à leur tête.*

M. CLOZEL.

Nous sommes réunis
Pour venir tous, de compagnie,
Offrir à notre directeur
Nos compliments, nos vœux, notre reconnaissance,
Et nous avons fait choix d'un aimable orateur
Dont la grace et l'air enchanteur
Vont nous tenir lieu d'éloquence.
(*à mademoiselle Délia.*)
Mademoiselle, allons, parlez.

MADEMOISELLE DÉLIA.

Je l'essaierai, puisque vous le voulez;
Mais c'est une grande entreprise;
J'aurais bon besoin de secours,
Et ne me pique pas de bien faire un discours.
Notre cher directeur permettra qu'on lui dise,
Tout simplement et de bon cœur,
Avec l'accent de la franchise,
De l'amitié, qu'on fait des vœux pour son bonheur:
C'est en faire aussi pour le nôtre;
Car l'un ne peut aller sans l'autre.
Réunis sous ses lois, sujets anciens, nouveaux,
Nous mettrons en commun nos efforts, nos travaux,
Pour attirer sur nous les yeux, la bienveillance
D'un public dont le goût éclaire nos progrès,
Dont les bontés sont notre récompense.
L'union fait la force, et produit les succès...
Tenez, dans son discours l'orateur s'embarrasse :
Je cherchais, pour finir, un trait de sentiment;
Mon directeur, tout uniment,
Trouvez bon que je vous embrasse.

M. CLOZEL.

Bien : embrassez-la pour nous tous.

LE DIRECTEUR, *l'embrassant.*

Je l'embrasse pour moi.
(*l'embrassant une seconde fois.*)
Je l'embrasse pour vous.

DERCOUR.

C'est une scène de famille.

LE DIRECTEUR.

Tu vois, Dercour, comme entre nous

La bonne intelligence brille.

DERCOUR.

Mais qu'aperçois-je ici?... Voilà notre valet,
Et l'ingénue, et la soubrette:
Est-ce une pièce qu'on m'a faite?

LE DIRECTEUR.

Qu'en penses-tu, mon cher?

LE VALET, *au Directeur.*

Je vous rends le billet
Pour la loge du cintre, et n'en ai plus que faire.

LA JEUNE PERSONNE, *à Dercour.*

Je n'ai pas de cousin.

DERCOUR.

Je comprends ce que c'est.

LA SOUBRETTE, *à Dercour.*

Une place chez vous ne m'est plus nécessaire;
Je crois que j'ai trouvé mon fait.

DERCOUR.

Vous jouiez tous la comédie;
Vous m'avez su tromper, j'en conviens franchement.

M. ARMAND.

À son tour, François vous supplie
De reconnaître en lui...

LE DIRECTEUR, *à Dercour.*

C'est un de nous... Armand.

DERCOUR, *le reconnaissant.*

Eh! c'est vrai.

(*au Directeur.*)

Mon ami, je change entièrement
D'opinion; et de ta réussite
J'augure si bien maintenant,

Que je vais avec toi m'engager tout de suite,
Si j'obtiens ton consentement.
N'est-il pas encore une place
Pour moi dans la société?

LE DIRECTEUR.

Il faudra bien qu'on te la fasse.
Il n'est, pour un ami, point de difficulté
Dont on ne vienne à bout. J'accepte tes services.
(*à la société.*)
C'est un homme à talent; je vous réponds de lui.
Allons, mes chers amis, nous allons aujourd'hui
Commencer sous d'heureux auspices.

MADEMOISELLE DÉLIA, *au Public.*

Messieurs, que cette année où nous allons entrer
Voie en tout vos projets et vos vœux prospérer!
Puissiez-vous tous, messieurs, l'avoir heureuse et bonne!
Nous l'attendons de vous. Puissions-nous mériter
Qu'ici votre faveur toujours nous environne!
Et souvent, grace à vous, puissions-nous répéter:
Nous n'avons au public fait que la souhaiter;
Mais généreusement sa bonté nous la donne!

FIN.

www.ingramcontent.com/pod-product-compliance
Ingram Content Group UK Ltd.
Pitfield, Milton Keynes, MK11 3LW, UK
UKHW020918180726
13838UKWH00002B/616